COCINA Y VENCERÁS

MARTÍN BERASATEGUI (Donostia, 1960), el único cocinero español con once estrellas Michelin, es uno de los grandes del panorama internacional por méritos propios. La enorme inquietud y pasión que siempre ha demostrado por su trabajo le han situado en lo más alto y solo aspira a seguir disfrutando de lo que realmente le gusta: guisar y transmitir su saber a las nuevas generaciones. También en el terreno de la cocina doméstica; por algo el tesoro más preciado de Martín son su familia y amigos, a quienes gusta agasajar con sus recetas.

No es de extrañar que uno de sus mayores logros en su dilatada carrera haya sido el reconocimiento de su ciudad y el cariño de sus vecinos, que, como él, consideran capitales los asuntos del comer y del beber.

Para saber más sobre el autor:

www.martinberasategui.com

DAVID DE JORGE E. nació el 4 de octubre de 1970 en Hondarribia. Inquieto por naturaleza, se atreve a meter el morro en otros fogones derrochando sabiduría gastronómica y goce alimenticio en fantásticas piezas que publica en varios medios y soportes: escribe para *El Correo* y *Diario Vasco*, ha colaborado en ETB2, Tele5, La Sexta, en las radios Onda Cero, RNE, Cadena SER y Radio Euskadi, y alimenta un blog llamado *Atracón a mano armada*. En el sello editorial Debate ha publicado *Con la cocina no se juega* (2010), *Más de 999 recetas sin bobadas* (2012), *Más de 100 recetas adelgazantes pero sabrosas* (2014), *Cocina sin vergüenza* (2020), *Pan comido* (2021), *Mucho más de 999 recetas sin bobadas* —estos cuatro últimos en coautoría con Martín Berasategui— y *En un paraguayo cabe el Amazonas* (2023). Formado en algunos de los restaurantes más prestigiosos del mundo, ha cocinado junto a maestros como Arbelaitz, Guérard, Chibois, Subijana o Berasategui, de quien además es socio.

Para saber más sobre el autor:

www.daviddejorge.com

COCINA Y VENCERÁS

80 RECETAS PARA TRIUNFAR

DAVID DE JORGE

MARTÍN BERASATEGUI

DEBATE

Papel certificado por el Forest Stewardship Council®

MIXTO
Papel | Apoyando la silvicultura responsable
FSC® C117695

Penguin Random House Grupo Editorial

Primera edición: noviembre de 2024

Travessera de Gràcia, 47-49. 08021 Barcelona
Diseño de cubierta e interiores: Penguin Random House Grupo Editorial/Andreu Barberan
Fotografías del interior: © Garikoitz Diaz Mugica

Printed in Spain – Impreso en España

ISBN: 978-84-19951-04-5
Depósito legal: B-16.029-2024

Compuesto en M. I. Maquetación, S. L.

Impreso en Impreso en Gómez Aparicio, S. A.
Casarrubuelos, Madrid

C951045

ÍNDICE

CARNES

POSTRES

TODA UNA VIDA ME ESTARÍA CONTIGO

Llevamos muchos años cocinando juntos y largando miles de recetas por tierra, mar y aire, radio, prensa, libros y televisión. Somos unos privilegiados porque nuestro oficio tiene un único propósito, sincero e inconfundible, que no es otro que la felicidad del prójimo y de los comensales, lectores, oyentes y televidentes. Nuestro trabajo nos chifla y desde buena mañana nos anudamos los delantales a la cintura para remover sofritos, organizar pedidos, estimular a nuestra gente y echar un café con el carnicero o ese pescatero que aterriza con una caja de salmonetes saltarines y que pegó un salto en la cama a las tres de la madrugada, cuando sonó su despertador, para que a los demás nos luzca la melena con su esfuerzo. Los cocineros se obsesionan con el «yo», pero este oficio es «nosotros». Solos no avanzaríamos, así de claro.

Echamos la vista atrás y alucinamos con tantos recuerdos a pie de fogón, después de una vida dedicada al guisoteo. Martín ya es abuelo de dos nietos preciosos y David volvió a casarse de nuevo con su Eli, ¡menudos artistas! Salimos victoriosos de muchas movidas porque guisar es una liada bien gorda que ocurre en todos los servicios a pie de fogón. Les pondremos algunos ejemplos. Hace falta tener muchas horas de vuelo y estar de vuelta para ligar una salsa verde sin harina. Se puede. O dar brillo a una salsa apagada con un poco de mantequilla y un golpe de túrmix. Pruébenlo. O arrancar el hervor de un cazo provocando un incendio en la chapa incandescente con una gota de aceite. Ni se les ocurra. O dejar reposando un ave asada «en equilibrio» en el hueco de la chimenea de carbón en la que se ahúma el salmón. Es un espectáculo de precisión lo que ocurre a diario en el restaurante Martín Berasategui de Lasarte, lugar en el que escribimos estas líneas y donde parimos este libro y los platos suculentos de una carta que atrae a clientes llegados desde todo el mundo.

Nos encanta cocinar, pero, cuando termina esta representación diaria, los platos que más nos gustan son los que nos sirven otros mientras nos rascamos el mentón o pegamos un trago a una cerveza helada o a una copa de champán. Sin inquietarnos por si se nos quema la leche puesta al fuego o se nos pasa el punto de ese rodaballo que se asa mansamente sobre las ascuas de unas brasas. Este es el hallazgo de nuestras vidas, disfrutar a pleno pulmón cuando somos nosotros los que gozamos con la servilleta anudada al cuello. Estamos seguros de que estas recetas les alegrarán sus sobremesas y ojalá muchas de las formulaciones contenidas en estas páginas se conviertan en clásicos irrenunciables de sus celebraciones familiares.

¡Brindamos por ustedes! Les deseamos salud y que vivan muchos momentos inolvidables en la mesa. ¡Disfruten, que nos quedan dos telediarios! ¡Garrote!

MARTÍN BERASATEGUI y DAVID DE JORGE E.
Cocineros

1
2
3

PRIMEROS PLATOS

APIONABO A LA CREMA CON YEMA DE CODORNIZ

Ingredientes

Apionabo:
— 1 apionabo
— Sal

Crema de tocineta:
— 200 g de tocineta ibérica
— 500 ml de nata líquida
— 2 ramas de tomillo

Preparación

Para el apionabo:

Pelar el apionabo con ayuda de un pelador o cuchillo afilado. Realizar láminas delgadas a cuchillo y cortarlas a lo largo en tiras finas, similares a espaguetis. Blanquearlas 30 segundos en agua hirviendo salada, es decir, meter y sacar. Escurrirlas y sumergirlas en un bol de agua helada con hielos para detener la cocción. Escurrirlas de nuevo y reservar los espaguetis de verdura.

Para la crema de tocineta:

Cortar la tocineta en lardones.

Colocarla en una sartén caliente hasta dorar. Retirar y dejar sobre papel absorbente para quitar el exceso de grasa. Verter la nata líquida con el tomillo en la misma sartén. Llevar a fuego bajo y cocinar durante 10 minutos. Cubrir y dejar infusionar 1 hora fuera del fuego. Pasar por un colador fino, por último, agregando la tocineta salteada a la nata.
Reservar.

Hongos:
— 150 g de hongos o boletus
— AOVE
— Sal

Para los hongos:

Cortar los hongos en pequeños daditos de 0,5 × 0,5 cm. Saltearlos en un poco de aceite de oliva y sal y reservar.

Acabado:
— 75 g de queso curado tipo mahón o manchego o parmesano
— 4 yemas de huevo de codorniz
— Perejil picado

Acabado y presentación

Recalentar los espaguetis de apionabo dentro de la crema de tocineta dándole un calentón suave, sin agresividad. Verterlos en cuatro platos formando un nido.

Colocar las yemas de codorniz en el centro, repartir los hongos salteados y rallar el queso en el último momento antes de servir.

Trucos

Si la textura de la yema de codorniz puesta a pelo nos da «yuyu», podemos reemplazarla por el mismo huevo hecho a la plancha colocado en lo alto.

ARROZ CON PATO Y VERDURAS

Ingredientes

Arroz:

— 3 chalotas picadas finas
— 2 dientes de ajo picados
— 1 rama de tomillo fresco y 1 rama de romero
— 50 g de ramilletes de coliflor
— 50 g de ramilletes de brócoli
— 200 g de arroz de grano redondo
— 150 g de tomate triturado
— 6 aceitunas negras picadas
— 1 l de caldo de pollo
— 100 g de setas silvestres, limpias
— 2 cucharadas soperas de AOVE
— Sal

Preparación

Para el arroz:

En un recipiente ancho y bajo para hacer arroces, sofreír con una pizca de aceite las chalotas, los ajos y las ramas enteras de tomillo y romero, sin que tome color.

Entonces, añadir los ramilletes de coliflor y brócoli, rehogando a fuego suave unos minutos más.

Añadir el arroz y sofreírlo un par de minutos, incorporando el tomate triturado y las aceitunas.

Que se sofría bien y el tomate reduzca.

Entonces, con un cucharón ir añadiendo el caldo bien caliente, mojando el arroz justo a ras, y esperando a que se evapore para repetir otra vez la operación. A partir del primer cucharón de caldo añadido, controlar el tiempo de cocción, que será aproximadamente de 16 minutos.

Ir rectificando el sazonamiento, añadiendo sal si fuera necesario.

De esta forma conseguimos que nos quede un grano entero y lleno de sabor.

Dos minutos antes de sacar el arroz del fuego, espolvorear por la superficie las setas limpias y desgarradas con las manos, para que se les infiltre el calor.

Dejar reposar el arroz cubierto con un paño.

Acabado y presentación

Magret de pato:
— 1 magret de pato de 500 g
— Sal y pimienta

Para el magret de pato:

Podemos cuadricular la parte grasa de la pechuga con un cuchillo, haciendo incisiones sin llegar a la carne.

Salpimentar la pechuga de pato.

Arrimar una sartén antiadherente a fuego muy suave y apoyar la pechuga sobre la grasa, para que vaya cocinándose y derritiéndose. El exceso de grasa que se acumula en el fondo, retirarlo y emplearlo para cocinar unas patatas, por ejemplo.

La clave es continuar así hasta que la capa de grasa quede tostada y de un grosor de 5 mm, dando la vuelta a la pechuga y dejando que esté un minuto por el lado de la carne.

Así se le infiltra el calor y comemos una pechuga jugosa y en su punto.

Reposarla unos minutos antes de rebanarla sobre una tabla, colocando los escalopes sobre el arroz recién hecho.

Trucos

Todo el jugo que chorree de la carne sobre la tabla, añadirlo al arroz, como si fuera perfume parisino. Una pizca de pimentón de la Vera le va de perlas al sofrito.

ARROZ NEGRO LIGADO A LA ITALIANA CON TALLARINES DE CHIPIRÓN

Ingredientes

— 900 g de chipirones en dados
— 2 cebolletas pequeñas picadas
— 1 bulbo de hinojo pequeño picado
— 2 dientes de ajo picados
— 30 g de tinta de chipirón o de sobres de tinta congelada, en su defecto
— 100 ml de vino blanco
— 1 cucharada sopera de brandy
— 450 g de arroz de grano redondo
— 1,5 l de caldo de pescado
— 1 cucharada sopera de queso mascarpone
— 1 cucharada sopera de mantequilla
— 1 cucharada sopera de queso curado rallado
— 1 cucharada sopera de nata semimontada
— AOVE
— Sal

Preparación

Los dados de chipirón los hacemos de chipirones frescos limpios, a los que no les habremos retirado la piel, porque dará mucho gusto al arroz.

Una vez limpios de tripas y pasados por agua para eliminar impurezas, los colocamos sobre la tabla y los cortamos en dados lo más pequeños posible.

De las partes centrales más hermosas del chipirón, hacer tallarines estrechos y finos cortados a cuchillo. Nos harán falta unos 200 g, que reservaremos en un plato en la nevera una vez sazonados.

En una cazuela ancha y baja arrimada a fuego suave con una pizca de aceite, sofreímos las cebolletas, el hinojo y el ajo, a fuego suave y sin que coja demasiada coloración, unos 20 minutos.

Disolvemos las tintas de chipirón en una pizca de vino blanco y las reservamos.

Sobre el sofrito, añadimos los dados de chipirón picados y una pizca de sal, subiendo la temperatura para que suelte jugo y se vaya haciendo. Verter el vino blanco. Controlar porque, cuando se seca el fondo, aflora la grasa y es en ese momento cuando vuelve a sofreírse la mezcla y empieza a volverse marrón y muy apetecible. El tiempo total de cocción será de unos 35 minutos.

Añadir el brandy y las tintas diluidas en vino, aplastando con la cuchara de palo para que todo el estofado de chipirones se vuelva negro.

Acabado y presentación

Bajar la intensidad del fuego, remover y echar el arroz, dando vueltas para que se sofría muy ligeramente y el grano pille un punto nacarado.

Tendremos el caldo caliente en una esquina del fogón y vamos añadiéndolo de a pocos mientras no dejamos de remover. Cuando vemos que el fondo comienza a secarse, añadimos más caldo y así hasta que el grano esté listo y ofrezca una ligera resistencia a la mordida. El tiempo de cocción será de unos 15 minutos. El arroz estará cremoso, nunca apelmazado; añadir más caldo si hiciera falta para que quede suelto y apetecible. Fuera del fuego, mantecarlo con los quesos, la mantequilla, la nata y un chorro de aceite, rectificando la sazón.

Además:
— 1 diente de ajo picado
— Perejil picado
— AOVE

Para terminar, en una sartén, sofreír en una cucharada sopera de aceite los ajos y añadir el perejil, apagar el fuego y añadir los tallarines de chipirón, removiendo con un tenedor rápidamente para que justo les entre un poco de calor y queden casi crudos. Finalmente, repartirlos sobre la superficie del arroz recién hecho.

Trucos

Un pimiento verde italiano pequeño muy picado le irá de perlas al sofrito de este arroz. Igualmente una punta de cayena le da un pique extraordinario.

BERENJENA EN TEMPURA CON MISO, SÉSAMO NEGRO Y LIMÓN

Ingredientes

Tempura:
- 250 ml de agua
- 5 g de levadura prensada
- 160 g de harina
- Una pizca generosa de sal
- Una pizca de azúcar

Salsa:
- 130 g de pasta de miso blanco
- 15 g de pasta de miso rojo
- 60 ml de agua
- 1 cucharada sopera de sésamo negro tostado

Preparación

Para la tempura:

Disolver la levadura en el agua tibia, añadir la harina, la sal y el azúcar, y trabajar con una varilla hasta obtener una masa fina y cremosa.

Tapar con papel film y reservar en un lugar cálido un par de horas para que la masa burbujee ligeramente y fermente.

Para la salsa:

Mezclar el miso blanco, el miso rojo, el agua y el sésamo negro previamente tostado. Reservar.

Berenjena en tempura:
— 2 berenjenas grandes
— Harina
— Una pizca de ralladura de limón
— Abundante AOVE para la fritura
— Sal y pimienta

Acabado y presentación

Para la berenjena en tempura:

Lavar las berenjenas con su piel y cortarlas longitudinalmente en rebanadas de 1 cm de grosor. Posarlas por la parte plana sobre la tabla y cortarlas a lo ancho en bastones de 1 cm, formando tiras gruesas.

Salpimentarlas, pasarlas por harina para que agarren bien la masa de fritura, sumergirlas en la tempura y añadirlas de una en una en abundante aceite caliente puesto al fuego.

Dejar que se doren bien antes de escurrirlas sobre un papel absorbente.

Servirlas espolvoreadas con una pizca de limón recién rallado y la salsa puesta en un recipiente aparte, para mojarlas como si fueran churros en chocolate.

Trucos

Las frituras tipo tempura, croquetas o gabardinas han de hacerse en abundante aceite a 180 grados y en recipientes altos y estrechos mejor que en sartén.

CHIPS DE ARROZ CON ANGUILA AHUMADA

Ingredientes

Chips de arroz:
— 1 paquete de obleas de arroz (papel de arroz)
— Aceite de oliva

Crema de anguila ahumada:
— 300 ml de nata líquida
— 200 g de recortes de anguila ahumada
— 150 g de jugo de marisco reducido o de sopa de pescado
— Sal

Preparación

Para los chips de arroz:

Con ayuda de una tijera, cortar las obleas de arroz formando pequeños rectángulos de aproximadamente 3 × 3 cm.

Calentar el aceite a 180 grados.

Freír las obleas hasta que suflen con ayuda de unas pinzas.

Retirarlas inmediatamente e ir colocándolas sobre papel absorbente para retirar el exceso de aceite.

Para la crema de anguila ahumada:

Montar la nata en un bol con unas varillas.

Triturar la anguila a máxima potencia en un robot de cocina junto con el jugo de marisco o la sopa de pescado fría durante 3 minutos.

Pasar la mezcla por un colador fino.

Unir ambas preparaciones, con ayuda de una lengua de goma, para que quede una crema esponjosa.

Rectificar la sazón.

Además:
— Anguila ahumada loncheada
— 6 piparras encurtidas picadas
— AOVE

Acabado y presentación

Colocar en un plato las obleas fritas o chips de arroz y sobre cada una poner una buena cucharada de crema de anguila ahumada.

Para terminar, cubrirlas con una loncha de anguila ahumada y espolvorear las piparras picadas, rociando con un hilo fino de aceite de oliva virgen extra.

Trucos

Este aperitivo se puede hacer con cualquier pescado ahumado que nos guste, como sardinas, trucha o salmón.

COLES DE BRUSELAS CON SALSA DE YOGUR Y CILANTRO

Ingredientes

Salsa de yogur y cilantro:
— 4 cucharadas soperas de yogur griego
— 1 cucharada sopera de semillas de cilantro
— 2 cucharadas soperas de zumo de limón
— 50 ml de AOVE
— Sal y pimienta

Yogur con ajo asado:
— 2 cucharadas soperas de AOVE
— 2 cabezas de ajos
— 100 g de yogur griego
— 2 cucharadas soperas de mascarpone
— 90 ml de AOVE
— 50 ml de zumo de limón
— Sal y pimienta

Preparación

Para la salsa de yogur y cilantro:

Colocar el yogur en un bol junto con las semillas de cilantro. Agregar el zumo de limón e ir incorporando el aceite hasta conseguir un aliño suave y cremoso.

Poner a punto de sal y pimienta. Enfriar.

Para el yogur con ajo asado:

Precalentar el horno a 180 grados.

Colocar las cabezas de ajos embadurnadas con las 2 cucharadas soperas de aceite en una bandeja y asarlas unos 50 minutos.

Dejarlas templar fuera del horno.

Apretar las cabezas para rescatar la pulpa de los ajos asados y machacarla en un bol con las púas de un tenedor.

Incorporar el yogur, el mascarpone, el resto del aceite de oliva, el zumo de limón, la sal y la pimienta, y remover bien, añadiendo una pizca de agua si la mezcla queda grasa y la reclama. Enfriar.

Coles de Bruselas:
— Una pizca de AOVE
— 500 g de coles de Bruselas pequeñas, limpias y en mitades
— 2 cucharadas soperas de eneldo picado
— 40 g de arándanos rojos secos o de pasas remojadas en una pizca de oporto o algún vino dulce

Para las coles de Bruselas:

Podemos blanquear las coles en agua hirviendo y escurrirlas al primer hervor, pero quedan estupendas si se saltean en crudo, crocantes en su interior.

En el fondo de una antiadherente, poner la pizca de aceite y añadir las coles crudas partidas en dos, arrimando a fuego suave para que les vaya entrando el calor y doren lentamente.

Sazonarlas ligeramente y retirarlas cuando las probemos y estén a nuestro gusto, más o menos al dente.

Espolvorearlas con el eneldo y darles unas vueltas.

Acabado y presentación

Extender el yogur con ajo asado en el fondo de una fuente y colocar por encima las coles recién salteadas.

Rociar con la salsa de yogur y cilantro, y añadir los arándanos rojos o las pasas remojadas en oporto o algún vino dulce.

Trucos

Es mejor tostar las semillas de cilantro en una pequeña sartén y molerlas en un mortero antes de hacer la salsa de yogur. Podemos emplear también cominos o un par de semillas de cardamomo.

CREMA DE BRÓCOLI CON HONGOS

Ingredientes

— 1 kg de brócoli
— 3 dientes de ajo laminados
— 2 cucharadas soperas de AOVE
— 250 g de hongos limpios en dados grandes
— 1 chalota picada
— 750 ml de caldo
— 100 ml de nata líquida
— 1 cucharada sopera de mantequilla
— Sal y pimienta

Preparación

Soltar el brócoli en ramilletes y lavarlos en agua con una pizca de vinagre.

Poner abundante agua a hervir y, en cuanto surja el hervor, incorporar la verdura, añadiendo además un puñado generoso de sal.

Dorar los ajos en el aceite de oliva y verterlo colado, para que no caigan los ajos, sobre la cazuela de verdura hirviendo.

Cocer destapado a fuego vivo durante 5 minutos, escurriendo la verdura y dándole después un baño generoso de agua con hielos.

Mientras, en una sartén con una pizca de AOVE, saltear los hongos a fuego medio para que suelten toda su agua y se cocinen, sin dorarlos demasiado para que no se sequen.

Justo al final, antes de sacarlos, salpimentarlos y añadirles la chalota, dando unas vueltas antes de retirarlos.

Acabado y presentación

Meter el brócoli escurrido en el vaso de una batidora y añadirle el caldo recién hervido, accionando la máxima potencia.

Verter la crema en un cazo al fuego medio y añadir la nata, salpimentando.

Filtrarla a través de un colador y rectificarla de sazonamiento, añadiendo la nuez de mantequilla y meneando con una varilla o un túrmix para que emulsione bien.

Servirla con los hongos salteados.

Trucos

Nunca está de más acompañar las cremas con costrones pequeños de pan salteados con una pizca de aceite y ajo y perejil majados en el mortero.

CREMA DE HÍGADOS DE POLLO AL BRANDY

Ingredientes

— 1 cucharada sopera de AOVE
— 1 cucharada sopera de mantequilla
— 2 cebollas picadas
— 1 diente de ajo picado
— 500 g de hígados frescos de pollo
— Una pizca de tomillo fresco
— 4 cucharadas soperas de brandy
— 2 cucharadas soperas de nata
— 2 cucharadas soperas de hojas de perejil
— Una pizca de nuez moscada
— Una pizca de cayena fresca
— Sal y pimienta
— Pan

Preparación

En una sartén, calentar el aceite de oliva y la mantequilla.

Agregar las cebollas y el ajo, una pizca de sal, y sofreírlos sin que tomen color.

Mientras tanto, cortar en mitades los hígados de pollo, salpimentarlos y espolvorearlos con el tomillo.

Calentar una sartén y, con una gota de aceite, saltearlos de a pocos para que se doren y no se recuezan. Reservarlos en un plato.

En la última tanda, añadir el brandy para que los jugos adheridos se despeguen.

Acabado y presentación

En una batidora, poner los hígados salteados con su jugo, el sofrito de cebolla y ajo, la nata, el perejil picado, la nuez moscada, la cayena fresca, sal y pimienta.

Triturar bien y pasar por un tamiz fino, rectificando el sazonamiento.

Meter la mezcla en un frasco o tarro o en un molde de terrina, cubriendo e introduciéndolo en la nevera al menos 12 horas.

Servir el paté con pan tostado.

Trucos

Este paté lo podemos hacer con hígados de pichón, pato o de ternera partido en dados menudos. Podemos saltear una pizca de papada ibérica y añadirlo al batido para que quede más sabroso.

ENSALADA DE PERA, MANZANA, ENDIVIA, JAMÓN IBÉRICO Y QUESO PICÓN

Ingredientes

Aliño de queso azul:
- 60 g queso azul picón
- 60 ml de nata
- 6 cucharadas soperas de AOVE
- 5 cucharadas soperas de vinagre de sidra
- 5 cucharadas soperas de agua

Ensalada:
- 6 endivias
- 3 manzanas verdes
- 3 peras
- Un puñado de mezcla de hierbas picadas gruesas (perejil, albahaca y estragón)
- Dos puñados de nueces
- AOVE

Preparación

Para el aliño de queso azul:

Colocar todos los ingredientes en una batidora y accionar la máxima potencia. La mezcla debe quedar lisa.

Probar para ver si se quiere añadir más acidez y condimentar con algo más si es necesario rectificar.

Reservar el aliño.

Para la ensalada:

Separar las hojas de las endivias, lavarlas muy bien y centrifugarlas hasta que queden secas.

Quitar los corazones de las manzanas, laminarlas y cortarlas en tiras finas del tamaño de cerillas.

Quitar los corazones de las peras y cortarlas en dados gruesos.

Acabado y presentación

Reunir en un bol las endivias, las manzanas y las peras, añadiendo las hierbas picadas.

Sobre la ensalada, añadir buena parte del aliño, removiendo para que todos los elementos se impregnen bien.

Podemos servirla repartida en platos, rematando con el resto de aliño, un poco más de hierbas picadas y las nueces rotas repartidas.

Rociar con un hilo de AOVE.

Trucos

Podemos utilizar el queso azul que más nos apetezca y sustituir las frutas por otras que nos gusten más, como caquis, nísperos, chirimoya o piña, incorporando también aguacates o apio.

ESPAGUETIS CON GUINDILLA, HUEVAS DE MÚJOL Y ANCHOAS

Ingredientes

— 500 g de espaguetis
— Medio limón confitado en salmuera
— 8 dientes de ajo pelados
— 4 cucharadas soperas de AOVE
— Una pizca de cayena fresca
— 50 g de huevas curadas de mújol
— 12 filetes de anchoa en salazón
— Un puñado de rúcula
— Sal

Preparación

Cortar el limón confitado en dados pequeños y laminar los dientes de ajo.

Colocar en una sartén 4 cucharadas soperas de AOVE y la mitad del ajo, arrimando a fuego muy suave para que el ajo se haga y se dore ligeramente.

Escurrir las láminas y reservarlas.

Colocar una olla con abundante agua y sal y, en cuanto arranque el hervor, incorporar la pasta, cociéndola unos 8 minutos aproximadamente o hasta el punto deseado, al dente o más hecha.

Además, en una sartén antiadherente muy amplia, con el aceite de freír los ajos, dorar la cayena y el resto del ajo, a fuego bastante suave.

Escurrir la pasta, incorporarla recién hervida a este fondo y dar unas vueltas, añadiendo con cuidado una pizca de agua de cocción de la pasta, para que se forme una salsa ligera que envuelva los espaguetis.

Acabado y presentación

Justo antes de sacar la pasta del fuego, espolvorearla con la hueva de mújol recién rallada por encima, para que se funda con la mezcla y servirla, añadiéndole los pétalos de ajo frito, los dados de limón, los filetes de anchoa y las hojas de rúcula.

Trucos

Ojo con la sal al cocer la pasta, porque las anchoas, el limón y la hueva de mújol son potentes de sazón. A falta de limón en salmuera, podemos rallar la pasta al sacarla del fuego con una pizca de cáscara de limón.

FOIE GRAS CON MOUSSE DE CEBOLLETA, PATATAS, ESPÁRRAGO Y VINAGRETA

Ingredientes

Crema de cebolleta:
- 3 cebolletas
- 150 ml de AOVE
- Sal

Mousse de cebolleta:
- 250 g de crema de cebolleta
- 75 ml de nata semimontada
- Media hoja de gelatina
- Sal

Patatas confitadas:
- 5 patatas nuevas pequeñas y peladas
- AOVE
- Sal

Preparación

Para la crema de cebolleta:

Pelar y cortar las cebolletas en tiras y, en una sartén, pocharlas junto con el aceite y una pizca de sal hasta que estén blandas, pero sin que cojan color.

Escurrirlas bien y triturarlas en el vaso de una batidora, rectificando la sazón.

Para la mousse de cebolleta:

Hidratar previamente la hoja de gelatina en agua durante unos minutos.

Calentar un poco de la crema de cebolleta y disolver ahí la gelatina ya hidratada y escurrida. Añadir al resto de la crema de cebolleta restante. Incorporar la nata semimontada con movimientos envolventes, ayudándonos de una espátula de goma. Poner a punto de sal y reservar cubierto.

Para las patatas confitadas:

Cortar las patatas en láminas de 1 cm, sazonarlas y cubrirlas en una cazuela ancha y baja con un dedo de aceite, sin amontonarlas, cuidando de que toquen el fondo para que la cocción sea homogénea y no se rompan.

Arrimar a fuego suave y dejar que se confiten a borbotones imperceptibles, por espacio de unos 25 minutos. Dejarlas entibiar cubiertas de aceite.

Espárragos:
— 8 espárragos trigueros
— Sal

Para los espárragos:

Pelar los tallos de los espárragos y cortarlos en trozos de 2-3 cm, respetando las yemas.

Sumergir los espárragos en abundante agua hirviendo con sal y contar 1 minuto, escurriéndolos y sumergiéndolos en un baño de agua helada. Escurrirlos de nuevo cuando estén fríos y reservarlos.

Vinagreta para las patatas y los espárragos:
— Media cebolleta picada
— 2 cucharadas soperas de cebollino picado
— 200 ml de AOVE
— 2 cucharadas soperas de vinagre de sidra
— Sal

Para la vinagreta para las patatas y los espárragos:

Mezclar todos los ingredientes y rectificar la sazón.

Vinagreta de caramelo:
— 100 g de azúcar
— 3 cucharadas soperas de agua
— 3 cucharadas soperas de vinagre de sidra
— 1 cucharada sopera de mostaza en grano
— 100 ml de aceite de girasol

Para la vinagreta de caramelo:

En una sartén mediana, añadir el azúcar y el agua y dejar que hierva suavemente hasta que se forme un caramelo rubio.

En el momento que ocurra, añadir el vinagre y, cuando recobre el hervor, incorporar el resto de los ingredientes hasta que se forme una vinagreta uniforme.

Retirarla del fuego y dejarla enfriar.

Además:
— 1 foie gras *mi-cuit* de pato de calidad
— Sal y pimienta

Acabado y presentación

Escurrir las patatas y colocarlas sobre una bandeja junto con los espárragos, aliñando con la primera vinagreta.

Sobre una tabla con un cuchillo afilado, rebanar el foie gras en escalopes anchos y salpimentarlos, colocándolos sobre las patatas.

Poner unos golpes de mousse de cebolleta y rociar finalmente con un hilo de la vinagreta de caramelo.

Trucos

No todos los días hay economía para foie gras de pato, así que esta receta sale de fábula sustituyéndolo por un buen paté rústico en rodajas o por una cabeza de jabalí de calidad en lonchas muy finas.

GAZPACHO DE TOMATES, MELÓN Y FRESAS

Ingredientes

- 250 g de fresas
- 250 g de tomates maduros
- 1 cebolleta fresca
- 300 g de melón maduro pelado
- Unas gotas de salsa Tabasco
- 10 hojas de menta o albahaca
- 150 ml de zumo de naranja o pomelo
- 55 ml de vinagre de sidra
- 130 ml de AOVE
- Sal

Preparación

Lavar las fresas y los tomates.

Pelar y cortar la cebolleta. Cortar todas las frutas en pedazos menudos.

Introducirlas en el vaso de una batidora con una pizca de sal, la salsa Tabasco, las hojas de albahaca, el zumo de naranja o pomelo y el vinagre de sidra, accionando la máxima potencia durante unos minutos, hasta que la mezcle esté fina y cremosa.

Acabado y presentación

Entonces, abrir el vaso de la batidora y por la boca añadir en hilo fino el aceite de oliva poco a poco, batiendo un rato más para que el gazpacho quede bien liso, homogéneo y sabroso.

Rectificar la sazón y servirlo bien frío con un hilo de aceite por la superficie y algunas frutas troceadas y hojas tiernas de menta o de albahaca.

Trucos

Si lo vamos a tomar en el momento, conviene añadir todos los ingredientes bien fríos de la nevera o desliar un par de cubos de hielo al triturar, para que la mezcla quede fresca al instante.

HUMMUS DE POCHAS CON JAMÓN DE GANSO Y CHIPS DE AJO

Ingredientes

— 300 g de pochas guisadas viudas escurridas
— Una pizca de zumo de limón
— 1 cucharada sopera de pasta de sésamo o *tahini*
— Otras cinco de AOVE
— 2 dientes de ajo pelados
— Un pellizco de comino

Además:
— 8 dientes de ajo laminados
— Aceite de oliva para freír
— 100 g de jamón curado de ganso
— Un pellizco de pimentón de la Vera
— AOVE

Preparación

En el vaso de una batidora americana, añadir las pochas escurridas y una pizca del jugo de cocción. Añadir el resto de los ingredientes y accionar la máxima potencia hasta que se forme una crema untuosa. Rectificar la sazón y añadir una pizca más de aceite o de jugo de cocción, si quisiéramos que quede más o menos grueso.

Refrescarlo en la nevera.

Acabado y presentación

En una sartén con aceite de oliva, freír los ajos laminados a fuego suave y hasta que se doren, para convertirlos en chips dorados. Escurrirlos sobre papel absorbente.

En un plato hondo colocar el hummus, haciendo un hueco con una cuchara en el centro, que rellenaremos con un buen chorreón de AOVE crudo.

Rematar repartiendo los chips de ajo, añadir unas lonchas de jamón curado de ganso y espolvorear con el pimentón de la Vera.

Trucos

Si no es temporada de alubias pochas, podemos emplear una buena conserva de calidad, utilizando el jugo de la lata para hacer el hummus. Acompañar la preparación con rebanadas finas de pan tostado.

HUMMUS DE REMOLACHA CON CHIPS DE PATATAS FRITAS

Ingredientes

— 150 g de garbanzos en conserva
— 1 diente de ajo
— 260 g de remolacha cocida
— 1 limón
— 2 cucharadas soperas de pasta de sésamo o *tahini*
— 4 cucharadas soperas de AOVE
— Sal

Además:
— 1 bolsa de patatas fritas en aceite de oliva
— AOVE

Preparación

Escurrir los garbanzos para eliminar el jugo.

Picar el ajo.

Cortar la remolacha en cuartos.

Rallar el limón y exprimir el zumo.

Colocar en el vaso de la batidora los garbanzos y la remolacha y accionar la máxima potencia, añadiendo por la boca de la batidora la ralladura, el zumo de limón, el ajo y la pasta *tahini*.

Una vez que se forme una crema untuosa, añadir el AOVE poco a poco.

Probar y rectificar el sazonamiento.

Acabado y presentación

Colocar el hummus en el fondo de un gran bol o plato hondo hermoso y con ayuda de una cuchara hacerle un hueco en el centro, en el que verteremos un buen hilo de AOVE.

Servir con las patatas fritas de bolsa para usarlas como cucharas para comerse el hummus.

Trucos

Es un puntazo espolvorear las patatas y el hummus con un buen pimentón de la Vera agridulce porque le da un toque extraordinario.

ÑOQUIS AL VODKA

Ingredientes

— 30 ml de AOVE
— 2 chalotas picadas
— 4 dientes de ajo picados
— 1 guindilla fresca picada
— 100 ml de tomate frito
— 4 cucharadas soperas de vodka
— 150 g de queso mascarpone
— 450 g de ñoquis frescos
— 30 g de mantequilla
— 70 g de queso manchego curado rallado
— Sal y pimienta

Preparación

Calentar el aceite de oliva en una cazuela grande y añadir las chalotas, los ajos y la guindilla, sofriendo a fuego medio durante 5 minutos, o hasta que las chalotas estén blandas pero no tostadas. Remover de vez en cuando.

Añadir el tomate frito y mantener 5 minutos más a fuego suave.

Entonces, añadir el vodka, dejarlo burbujear unos segundos para que el alcohol evapore y añadir 4 cucharadas soperas de agua y el mascarpone. Remover hasta que este se haya integrado bien y retirar la cazuela del fuego.

Acabado y presentación

Hervir en una olla grande agua con una pizca generosa de sal.

En cuanto hierva, volcar los ñoquis y, en cuanto vuelva el hervor, dejarlos un minuto o hasta que tengan el punto deseado, más o menos cocidos según el gusto. A mí me gustan al dente y los retiro nada más subir a la superficie, pero muchos prefieren la pasta más cocinada.

Escurrirlos, reservando el agua de cocción, y añadirlos a la salsa recién hecha, removiendo bien a fuego suave.

Añadir la mantequilla, aportará brillo.

Esparcir el queso manchego rallado sobre la pasta y remover, rectificando la sazón, agregando la pimienta y añadiendo un poco del agua de cocción si vemos que el conjunto queda demasiado grueso.

La salsa tiene que ser fluida y ligera, no un mazacote.

Trucos

Al final podemos añadir unas hojas frescas de albahaca rotas con las manos y unas gotas de vodka para perfumar el resultado.

PAPPARDELLE *CON SALSA DE CABRALES*

Ingredientes

— 300 g de *pappardelle*
— 50 ml de AOVE
— 3 cebollas en tiras
— 4 dientes de ajo laminados
— 170 g de queso cabrales
— 250 g de hojas de espinacas
— 3 cucharadas soperas de queso mascarpone
— Sal y pimienta molida

Preparación

En una sartén grande, calentar el aceite de oliva y sofreír el ajo junto con la cebolla durante 10 minutos o hasta que estén blandos y se empiecen a dorar.

Añadir una pizca de sal y el agua, y seguir sofriendo durante 5 minutos más.

Desmenuzar el queso con las manos y añadirlo a la sartén.

Cocer a fuego bajo y remover de vez en cuando hasta que el queso se funda y se integre en la preparación.

En ese momento, agregar las hojas de espinacas y tapar la sartén. Cocer durante 2 minutos, hasta que las espinacas estén pochadas.

Mientras, hervir en una olla abundante agua con sal. Añadir la pasta y cocinarla durante 8 minutos o hasta dejarla en el punto deseado, al dente o más cocida, según gustos.

Pasado este tiempo, pasar la pasta con ayuda de unas pinzas a la sartén con la salsa y reservar un vaso del agua de cocción.

Acabado y presentación

Si la salsa está demasiado espesa, añadir un poco del agua de cocción antes del mascarpone y no dejar de remover hasta que esté todo integrado. Incorporar el queso y remover.

Girar la sartén en movimientos de vaivén para asegurarse de que la pasta quede bien impregnada de salsa, entonces estará lista para servir. Añadir unas vueltas de pimienta negra y comprobar el punto de sal.

Trucos

Se puede servir con una ensalada verde para acompañar. Y emplear el queso que más nos guste, en sustitución del queso azul.

PASTA CON CALAMAR GUISADO Y TOCINETA IBÉRICA

Ingredientes

Calamar:
— 1 calamar de 750 g aproximadamente
— 3 dientes de ajo picados
— 1 cebolla picada
— 90 g de tocineta ibérica en dados
— 4 cucharadas soperas de salsa de tomate
— Una pizca de cayena fresca
— 1 cucharada sopera de tinta de calamar
— 2 cucharadas soperas de vino blanco
— AOVE y sal

Berberechos:
— Dos puñados de berberechos frescos

Pasta:
— 300 g de pasta
— Sal gruesa

Preparación

Para el calamar:

Limpiar los calamares eliminando las tripas y la pluma.

Lavarlos bien, sin eliminarles la piel y, sobre una tabla, picar los tentáculos y el cuerpo en dados menudos.

En una cacerola a fuego medio, sofreír el ajo, la cebolla y la tocineta ibérica con una pizca de aceite, sin que coja color.

Cuando esté bien sofrito, después de unos 15 minutos, añadir los calamares y un poco de sal, permitiendo que suelte agua y vaya guisándose, hasta que evapore todo el jugo y tome aspecto apetitoso.

Entonces, añadir el tomate, la cayena, el vino y la tinta, dejando que guise otros 5 minutos más.

Para los berberechos:

Colocar los berberechos dentro de una cacerola, agregar un chorrito de agua y abrir a fuego medio, con la tapa. En cuanto asomen, escurrirlos para que no se cuezan demasiado y reservar el jugo de cocción.

Para la pasta:

Calentar una cacerola con agua y sal y, cuando se vea el primer hervor, añadir la pasta, cociéndola a nuestro gusto, más o menos hecha según nos apetezca.

Escurrirla.

Acabado:
— 1 manojo de cebollino picado
— Una pizca de perejil picado
— 1 limón
— AOVE

Acabado y presentación

Verter la pasta recién cocida sobre el sofrito de calamares y dejar que se empape de todo su sabor, sin dejar de menear en el fuego, añadiendo el agua de cocción de los berberechos para que la salsa quede fluida y abrace la pasta.

Al sacarla del fuego, incorporarle los berberechos y espolvorear el perejil y el cebollino picado, ligando el conjunto con un hilo de AOVE crudo.

Rallar una pizca de corteza de limón para darle un punto fresco y servir inmediatamente.

Trucos

Esta receta se puede hacer con sepia en vez de calamar y sustituir los berberechos por almejas o pequeños mejillones de roca.

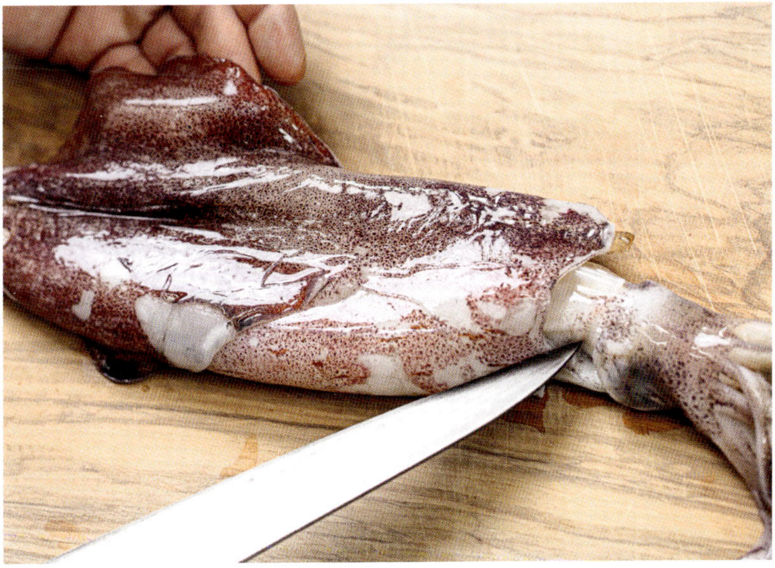

PATATAS CON CEBOLLINO Y LASCAS DE PALETILLA IBÉRICA

Ingredientes

Patatas:
— 8 patatas nuevas con piel, de 40 g cada una
— 5 lonchas gruesas de paletilla ibérica
— Sal
— Una pizca de pimienta negra machacada
— Cebollino picado finamente

Mantequilla fundida ligada:
— 200 g de mantequilla
— 3 cucharadas soperas de agua
— Zumo de medio limón
— Sal

Preparación

Para las patatas:

Lavar cuidadosamente las patatas y colocarlas sin pelar en una cacerola con agua fría que las cubra 2 o 3 cm.

Salar con un poco de sal y arrimar a fuego suave.

En el momento que asome el primer hervor, tenerlas unos 20-25 minutos o hasta que, al pincharlas con el filo de un cuchillo, no opongan resistencia.

Entonces, escurrirlas, pelarlas y cortarlas en rodajas gruesas.

Cortar las lonchas de paletilla ibérica en lardones gruesos.

Con una pizca de aceite, dorarlos en una antiadherente sin que se sequen demasiado y escurrirlos sobre papel absorbente para eliminar el exceso de grasa.

Mezclar unas pizcas generosas de sal con un golpe de pimienta y el cebollino picado.

Para la mantequilla fundida ligada:

Cortar la mantequilla bien fría en dados.

Colocar el agua dentro de un cazo pequeño con una pizca de sal fina y el zumo de limón. Arrimar a fuego suave y, en cuanto asome el hervor, ir añadiendo el equivalente de una cucharada sopera de mantequilla bien fría, batiendo enérgicamente. Una vez que la mantequilla esté totalmente integrada, añadir la misma cantidad sin dejar de batir, y así sucesivamente. Cuando queden unos 50 g de mantequilla, retirar la salsa del fuego y añadirla, batiendo sin parar.

Obtendremos, así, una mantequilla ligada, untuosa, brillante y de aspecto lechoso.

Mantenerla al calor.

Acabado y presentación

Colocar las patatas en rodajas sobre un plato o bandeja, sobrepuestas unas sobre otras.

Rociarlas con la mantequilla caliente y espolvorearlas con la mezcla de sal, pimienta y cebollino.

Esparcir los lardones de jamón tostados y servir.

Trucos

Podemos aromatizar la mantequilla ligada añadiendo al final una pizca de hierbas aromáticas picadas con una tijera: perifollo, albahaca, eneldo o estragón.

PATATAS, YEMA DE CODORNIZ Y PALETILLA IBÉRICA

Ingredientes

— 8 patatas medianas con su piel y lavadas
— 100 g de lonchas de paletilla ibérica
— 2 cucharadas soperas de cebollino
— 2 cucharadas soperas de hojas de perejil
— 2 cucharadas soperas de hojas de perifollo
— 100 g de mantequilla
— 4 dientes de ajo
— 4 cucharadas soperas de nata caliente
— 8 yemas de codorniz
— Sal y pimienta

Preparación

Precalentar el horno a 200 grados.

Elegir las patatas más chulas y parecidas de tamaño.

Meterlas en una cazuela, cubrirlas de agua, sazonarlas y arrimarlas a fuego suave.

En el momento que arranque el hervor, controlar que sea pausado y no agitado, y mantenerlas unos 25 minutos.

Cuando estén cocidas, escurrirlas y dejarlas templar.

Picar finamente la paletilla ibérica.

Picar finamente las hierbas.

Cuando se puedan manejar las patatas sin riesgo de quemarnos, marcar una base con una puntilla para que se apoyen bien en una bandeja y, en la parte superior, abrir una tapa, vaciando la pulpa con ayuda de una cucharilla y metiéndola en un bol, sazonándola generosamente y aplastando con las púas de un tenedor.

Derretir la mantequilla y, en cuanto espume ligeramente, añadir el ajo picado finamente y tenerlo un minuto, para amansarle el sabor a crudo, añadiéndolo todo a la pulpa de patata e incorporando la nata, mezclando bien.

Agregar la paletilla y las hierbas, rectificar la sazón.

Acabado y presentación

Rellenar las patatas con esta mezcla, apretando bien y dejando un hueco en el medio, en el que colocaremos la yema de codorniz salpimentada.

Meter las patatas en una bandeja de horno, teniéndolas unos minutos hasta que se calienten una pizca y la yema se atempere, sin cuajarse.

No se tienen que gratinar, para que la yema reviente al comerlas.

Trucos

Se pueden hornear las patatas rellenas sin más y servirlas con un huevo de codorniz entero por encima, frito o a la plancha. El relleno admite todo tipo de variantes, desde jamón de pato en tiras o panceta hasta picadillo de salmón o anguila ahumada.

RIGATONI
A LA PUTANESCA

Ingredientes

Salsa putanesca:
— 4 filetes de anchoa en salazón
— 2 dientes de ajo
— 100 ml de aceite de oliva
— 20 g de mantequilla
— 120 g de olivas negras
— 15 g alcaparras
— 600 g de tomates frescos, pelados

Pasta:
— 400 g de pasta tipo *rigatoni*
— Sal gruesa

Preparación

Para la salsa putanesca:

Picar los filetes de anchoa y deshacerlos al fuego en una cazuela ancha y baja con el aceite, la mantequilla y el ajo.

En cuanto se forme un barrillo, añadir las olivas negras deshuesadas y las alcaparras, previamente picadas si son grandes, dejando que se cocinen durante unos minutos para que suelten el jugo y se concentre el sabor.

Añadir los tomates picados, remover y dejar que la salsa estofe por espacio de unos 35 minutos.

Rectificar la sazón.

Para la pasta:

Mientras termina de cocinarse la salsa, hervir la pasta, poniendo un puchero estrecho y alto lleno de agua al fuego.

En el momento que surjan los hervores, añadir un buen puñado de sal e introducir la pasta, dejando que cueza aproximadamente unos 8 minutos o hasta el punto deseado, al dente o un poco más hecha para los que la prefieren así.

Una vez cocida, escurrirla, guardando dos cazos del agua de la cocción para mantecar la pasta.

Acabado:
— Un puñado de queso curado de oveja rallado
— AOVE
— Un puñado de hojas de albahaca fresca

Acabado y presentación

Añadir la pasta sobre la salsa e ir añadiendo agua de cocción según necesite, meneando con movimientos de vaivén o volteando la pasta al aire en la sartén, sin meter nunca una cuchara dentro para no lastimarla.

Además de ir añadiendo el agua de cocción poco a poco, incorporar el queso, las hojas de albahaca y un hilo fino de aceite de oliva.

Añadir pimienta si fuera necesario para darle aún más gusto.

Trucos

A mí la salsa de tomate me gusta con la acidez propia de los tomates, pero se puede añadir una pizca de azúcar o miel si la preferimos más dulzona.

RISOTTO *A LA DONOSTIARRA*

Ingredientes

— 850 ml de caldo de pescado
— 6 pistilos de azafrán
— 1 cebolleta pequeña picada
— 1 diente de ajo picado
— 300 g de arroz de grano redondo tipo «bomba»
— 150 ml de vino blanco seco
— 500 g de almejas
— 50 g de mantequilla
— 1 cucharada sopera de queso tipo manchego curado y rallado
— Una pizca de AOVE
— 2 cucharadas soperas de cebollino picado
— Sal

Preparación

Calentar el caldo en una cacerola y apagarlo, dejándolo en la cazuela.

Añadir el azafrán, tapar con un plato y dejar así 15 minutos.

En un puchero ancho y bajo para hacer arroces, añadir una pizca de aceite de oliva, agregar la cebolleta y el ajo y sofreírlos a fuego suave sin que cojan color.

Entonces, incorporar el arroz y menearlo a fuego suave hasta que comience a estar translúcido, sin calor agresivo.

Mojar con el vino, remover con la espátula y, cuando se evapore y lo absorba el grano, ir añadiendo el caldo cazo a cazo, sin dejar de remover.

Prolongar así la cocción, añadiendo el caldo de a pocos, durante unos 15 minutos, a fuego muy suave para que no se agarre y el resultado quede cremoso.

Acabado y presentación

Entonces, añadir las almejas y dejar que se abran a fuego muy suave durante 2 minutos más, soltando su jugo, sin parar de remover.

El tiempo total de cocción del *risotto* será de unos 17 minutos.

Sacar el arroz del fuego y añadir la mantequilla en pequeños dados, sin dejar de menear. Hacer lo mismo con el queso rallado, añadirlo e integrarlo removiéndolo siempre.

Añadir un fino hilo de AOVE, terminar de mantecarlo para que esté aún más cremoso y rectificar la sazón.

Espolvorear el cebollino.

Que el *risotto* no quede nunca amazacotado; al revés, debe quedar ligado, con el grano íntegro, cremoso y con brillo.

Trucos

Cuidado con echar demasiada sal antes de añadir las almejas, teniendo en cuenta que el jugo que suelten cuando se abran es potente y muy salino.

ROLLITOS DE QUESO TIERNO Y JAMÓN IBÉRICO

Ingredientes

— 10 lonchas finas de jamón ibérico
— 220 g de queso tierno que funda con facilidad
— 15 hojas de pasta filo
— 2 yemas de huevo
— AOVE
— Mantequilla fundida

Preparación

Cortar el queso frío en bastones.

Envolver cada bastón de queso con una rodaja de jamón.

Fundir la mantequilla.

Colocar media hoja de masa filo sobre la mesa, pincelarla con mantequilla fundida y terminar colocando la otra media hoja encima.

Marcar las hojas de masa filo a la mitad, en sentido longitudinal. Cortar sobre la marca con ayuda de una puntilla afilada. Quedarán de esta manera dos tiras.

Cortar cada una de ellas a la mitad, es decir, quedarán cuatro rectángulos.

Disponer el bastón de queso y jamón sobre cada rectángulo de masa filo.

Con un pincel, marcar todos los bordes con la yema. Primero, marcar el borde superior e inferior, luego cerrar el pliegue lateral de manera que el bastón esté bien envuelto.

Enrollar y terminar pegando los bordes de la masa con ayuda de un poco más de yema.

Conviene refrigerar unas horas los rollitos antes de freírlos para que no se abran.

Acabado y presentación

Calentar el aceite a 180 grados y sumergir los bastones hasta que adquieran un color dorado, dándoles la vuelta con ayuda de una espumadera o dos tenedores.

Escurrirlos y colocarlos sobre un papel absorbente para quitar el exceso de grasa.

Servirlos inmediatamente.

Trucos

Es interesante el contraste caliente-frío, así que una salsa romesco, un alioli con bien de zumo de limón o una salsa tártara son buenas aliadas.

SÁNDWICH DE AGUACATE Y ANGUILA AHUMADA

Ingredientes

Crema de aguacate:

— 150 g de aguacate maduro
— 50 ml de agua
— Una pizca de zumo de limón y de lima verde
— Una punta de cucharada sopera de jengibre fresco rallado
— Una pizca de ralladura de lima verde
— Sal

Preparación

Para la crema de aguacate:

Colocar en un vaso americano o en el vaso de una batidora de brazo el aguacate cortado en trozos junto con el agua, triturando a máxima potencia.

Añadir el zumo de los cítricos, el jengibre y la ralladura de lima, y poner a punto de sal.

Reservar la crema en la nevera.

Sándwich de aguacate:
— 8 rebanadas de pan de molde
— Crema de aguacate
— 8 lonchas de anguila ahumada
— 8 quesitos en triángulos
— Una pizca de mantequilla
— Cebollino picado
— Sal

Acabado y presentación

Para el sándwich de aguacate:

Precalentar el horno a 180 grados.

Tostar las rebanadas de pan en una sartén con una nuez de mantequilla.

Cortar la anguila ahumada del tamaño de las rebanadas del pan para que se acomoden bien en el bocadillo sin que sobresalgan.

Extender en cada rebanada de pan los quesitos y la crema de aguacate.

Colocar los trozos de anguila sobre una de las caras del pan, espolvorear con el cebollino y tapar con la otra.

Meter el sándwich en el horno y tenerlo un par de minutos.

Para evitar encender el horno, podemos rematarlo por sus dos caras en la sartén con una pizca de mantequilla, hasta que dore bien y el calor se infiltre en el interior, derritiendo el queso.

Cortar los sándwiches en triángulos y acomodarlos en el plato con un extra de la crema de aguacate y una ensalada verde.

Trucos

Si queremos darle al bocadillo un sabor extra, añadir cilantro picado a la crema de aguacate e incorporar algún ahumado más como el salmón o la trucha, además de la anguila.

SOPA DE GUISANTES CON ALMEJAS

Ingredientes

- — 500 g de almejas arroceras
- — 1 vaso pequeño de vino blanco seco
- — 350 g de guisantes desgranados frescos
- — Todas las vainas de los guisantes desgranados
- — 1 l de caldo de pollo o de verduras
- — 50 g de mantequilla
- — 1 ramillete de perifollo deshojado
- — 50 ml de nata líquida
- — Sal

Preparación

Lavar las almejas para eliminarles impurezas, colocarlas en el fondo de una cazuela hermosa y añadir el vino.

Poner la tapa y arrimar a fuego fuerte hasta que las almejas se abran, escurrirlas y colar el jugo para eliminar posibles impurezas, reservándolo.

Retirar la carne de las almejas y desechar las conchas.

En la misma cazuela enjuagada y limpia, colocar el caldo y las vainas de los guisantes, arrimando al fuego hasta que arranque el hervor. Entonces, añadir el jugo reservado de las almejas, tapar la cazuela, apagar el fuego y dejar el caldo en reposo unos 20 minutos para que pille el gusto, como si fuera una infusión.

Además:
— 100 ml de nata montada
— Una pizca de *raifort* o rábano picante
— 3 cucharadas soperas de huevas de salmón
— Cebollino picado
— Pimienta molida

Acabado y presentación

Pasado ese tiempo, colarlo, arrimarlo de nuevo al fuego en la misma cazuela enjuagada y que arranque de nuevo a hervir, añadiendo los guisantes desgranados y la mantequilla. Vuelto de nuevo el hervor, verter toda la mezcla en el vaso de una batidora americana junto con el perifollo fresco deshojado, la nata líquida y la carne de las almejas, accionando la máxima potencia para lograr una sopa muy verde con mucho sabor. Rectificar la sazón.

Podemos servirla caliente, tibia o fría.

Mezclar en un bol la nata montada muy fría con el rábano y las huevas de salmón, mezclando con una lengua delicadamente para que resulte una *chantilly* esponjosa. Añadir pimienta.

Colocar unas nubes de *chantilly* sobre la crema de guisantes, espolvoreando cebollino picado.

Trucos

Para que la sopa quede más ligada o con más cuerpo, podemos añadir al batirla unos copos de puré de patata deshidratados.

SOPA DE POCHAS Y FOIE GRAS

Ingredientes

Sopa de pochas:
- 1 kg de pochas en conserva
- 1 l de caldo de pollo
- 200 g de mantequilla
- 200 ml de nata
- Sal y pimienta

Cama de pochas, tocineta y cebolletas:
- 2 cebolletas picadas
- 2 dientes de ajo picados
- 200 g de tocineta ibérica ahumada
- 300 g de pochas escurridas

Preparación

Para la sopa de pochas:

Podemos arrancar esta receta también con un guiso de alubias blancas tradicionales, guisadas viudas.

Escurrir las alubias, previamente calentadas, y meterlas en el vaso de una batidora americana, añadiendo el caldo caliente, la mantequilla y la nata, y accionando la máxima potencia.

Pasar la sopa a través de un tamiz o colador fino y rectificar el sazonamiento, añadiendo pimienta generosamente.

Reservarla.

Para la cama de pochas, tocineta y cebolletas:

En un puchero, sofreír las cebolletas y el ajo con una pizca de aceite y sal, a fuego suave y hasta que la verdura quede transparente, unos 20 minutos.

Cortar la tocineta en lardones o en bastones estrechos y anchos.

Sumergirlos en agua y arrimarlos a fuego suave; en cuanto surjan los primeros hervores, escurrirlos y añadirlos al sofrito de cebollas, dando unas vueltas.

Por último, añadir las pochas escurridas y calentarlas con suavidad, sin que se rompan los granos, lo justo para que les entre el calor.

Además:
— Un trozo generoso de foie gras *mi-cuit* de pato

Acabado y presentación

Cortar el foie gras en lonchas gruesas y colocarlo en el fondo de un plato hondo sobre una base de cama de pochas, añadiendo pimienta generosamente.

Verter la sopa de pochas alrededor, bien caliente.

Listo.

Trucos

Esta sopa se puede hacer con cualquier otra legumbre, garbanzos, alubias rojas o lentejas. Las pochas son alubias blancas tiernas que se recolectan a comienzo del verano.

TARTA FINA DE CEBOLLAS Y CHORIZO AL VINO TINTO

Ingredientes

Relleno:
— 400 g de cebolla
— 2 cucharadas soperas de AOVE
— Una punta de harina
— 2 huevos
— 3 cucharadas soperas de nata
— 70 g de queso idiazabal tierno
— Sal

Chorizo al vino tinto:
— 4 chorizos pequeños tipo barbacoa
— 350 ml de vino tinto

Base:
— 1 disco grande de masa de hojaldre

Preparación

Para el relleno:

Cortar las cebollas en tiras finas.

Cocinar la cebolla con una pizca de sal en el aceite hasta que esté bien pochada, unos 45 minutos.

Entonces, espolvorear con la harina, dar unas vueltas, retirar del fuego y añadir la mezcla de nata y huevos, poniendo el queso idiazabal cortado en dados pequeños.

Para el chorizo al vino tinto:

Colocar los chorizos en una cazuela y agregar el vino tinto; deben de quedar prietos, no sueltos.

Llevar la cazuela al fuego y cocer suavemente 8 minutos.

Darles vuelta y cocer 8 minutos más.

Sacarlos del fuego y reposarlos 5 minutos antes de cortarlos.

No pinchar nunca el chorizo.

Para la base:

Precalentar el horno a 200 grados.

Estirar la placa de masa sobre un papel de horno. Con un aro más pequeño que la circunferencia, marcar la masa para así generar los bordes que subirán durante el horneado del hojaldre. Pinchar el centro de la masa con ayuda de un tenedor y prehornear 10 minutos para que no coja demasiado color.

Además:
— 50 g de queso comté o emmental

Acabado y presentación

Poner la mezcla del relleno sobre el disco de masa de hojaldre prehorneado, cuidando de dejar medio dedo en el borde.

Cortar en rodajas el chorizo al vino tinto y colocarlo de manera que forme un círculo en el centro.

Cubrir la tarta con el queso comté o emmental rallado y hornear a 170 grados durante 15-20 minutos más hasta que termine de dorarse el borde y gratine la superficie.

Trucos

Podemos añadir al encebollado un par de ajos picados para que tenga más sazón, e incluso rallarle una pizca de piel de limón al sacarlo del fuego para que le dé un punto cítrico que va de perlas con la potencia del queso y del chorizo. También se puede sustituir la mitad de la cebolla por bulbo de hinojo si le queremos dar un punto distinto, más anisado.

TÁRTARO DE TOMATE

Ingredientes

Tomate:
— 1 conserva de 500 g de tomate entero en su jugo

Aliño:
— 1 cebolleta muy pequeña picada fina
— 1 cucharadita de café de mostaza
— 2 pepinillos en vinagre picados
— Una pizca de salsa tipo Worcestershire
— 1 yema de huevo
— Una pizca de salsa Tabasco
— 1 cucharada sopera de cebollino picado
— Sal y pimienta negra
— AOVE

Acabado:
— Tostadas de pan
— Una pizca de AOVE
— 1 diente de ajo

Preparación

Para el tomate:

Escurrir bien el tomate y quedarse solo con la carne. Colocarlo delicadamente sobre papel absorbente o una gasa de tela dentro de un colador y meterlo en la nevera 4 horas.

Una vez bien escurrido, cortar la pulpa de tomate en dados, sobre la tabla, y reservarlo en un bol.

Podemos hacer lo mismo con tomate muy maduro natural, pelarlo, picarlo y ponerlo a escurrir en una gasa en la nevera para que elimine todo su jugo.

Para el aliño:

Sobre el tomate picado, añadir todos los aliños y reservar para el final la yema de huevo, meneando con una cuchara. Añadir un buen golpe de aceite y ligarlo, rectificando la sazón y añadiendo más picante o mostaza o el ingrediente que veamos que pide la preparación. Dejarlo bien gustoso y sabroso, salpimentando generosamente.

Acabado y presentación

Colocar en el fondo de un plato el tomate aliñado y servir con unas tostadas de pan refregadas de ajo y aceite de oliva.

Trucos

El jugo resultante de escurrir el tomate podemos reducirlo al fuego muy suave y, una vez frío, ligarlo con AOVE y unas hojas de albahaca en el vaso de una batidora, para acompañar este tártaro de tomate.

TÁRTARO DE VIEIRAS CON CAPUCHINA DE CASTAÑAS

Ingredientes

Capuchina de castañas:
— 300 ml de caldo de pollo
— 150 g de castañas asadas peladas
— 100 ml de nata líquida
— 60 g de mantequilla fría en dados
— Sal
— Un pellizco de cardamomo

Tártaro de vieiras:
— 450 g de carne de vieiras
— 2 cucharadas soperas de cebollino
— 1 cucharada sopera de AOVE
— Una pizca de aceite de sésamo
— Zumo de medio limón verde
— Sal y pimienta

Preparación

Para la capuchina de castañas:

Verter el caldo de pollo en una cacerola, añadir las castañas desmenuzadas con las manos y poner a hervir, a fuego suave.

Añadir la nata, recobrar el hervor y triturar con una batidora de mano, añadiendo la mantequilla en dados.

Pasar la mezcla por un colador fino, rectificar la sazón y añadir una pizca de cardamomo recién molido.

Para el tártaro de vieiras:

Con ayuda de un cuchillo afilado sobre una tabla, picar en dados la carne de las vieiras, metiéndola en un bol colocado sobre hielo.

Picar finamente el cebollino y añadirlo a la mezcla, incorporando el zumo de limón, los aceites, sal y pimienta, meneando bien. Rectificar la sazón.

Acabado y presentación

Colocar el tártaro de vieiras en el fondo de unos platos y acompañar con la capuchina caliente. El contraste frío-caliente es extraordinario.

Trucos

Al tártaro de vieiras le podemos añadir un buen golpe de cáscara de limón verde rallada y una yema de huevo cruda para darle más untuosidad.

PESCADOS Y MARISCOS

BACALAO CONFITADO CON PILPIL DE ZANAHORIA Y LANGOSTINOS

Ingredientes

Agua de bacalao:
— 400 g de pieles de bacalao desalado y recortes
— 1 l de agua

Reducción de zanahoria y naranja:
— 600 ml de zumo de zanahoria
— 300 ml de zumo de naranja

Langostinos:
— 1 cebolleta picada
— 1 diente de ajo picado
— Una pizca de AOVE
— 100 g de tomate natural picado o rallado
— 200 g de langostinos crudos pelados, picados
— Sal y pimienta

Migas:
— 100 g de pan rallado fresco
— 3 cucharadas soperas de chorizo tierno muy picado
— Sal y pimienta

Preparación

Para el agua de bacalao:

Introducir las pieles y los recortes en el agua y arrimar a fuego suave hasta que veamos que el bacalao va soltando colágeno y el caldo se vuelve espeso y lechoso.

Para la reducción de zanahoria y naranja:

Juntar los dos zumos y hervirlos a fuego suave hasta que vaya espesando, teniendo la precaución de que no se convierta en caramelo. Reservarlo.

Para los langostinos:

En una sartén a fuego suave, sofreír en el aceite la cebolleta y el ajo con una pizca de sal, añadir el tomate y guisar 20 minutos.

Entonces, apagar el fuego e incorporar el langostino, meneando para que no se seque y quede jugoso.

Salpimentar y reservar.

Para las migas:

En una sartén con una pizca de aceite, sofreír a fuego suave el chorizo tierno, dejando que funda la grasa y se refría, sin quemarse.

Añadir el pan y tostarlo a fuego suave, como si fueran unas migas de pastor.

Salpimentarlas.

Bacalao:
— 4 lomos de bacalao desalado de 180 g aproximadamente
— 2 dientes de ajo
— 2 guindillas frescas
— 500 ml de aceite de girasol
— 500 ml de AOVE

Para el bacalao:

En una cazuela, juntar los aceites, los dientes de ajo y las guindillas, arrimando a fuego muy suave para que los ajos se confiten, durante 30 minutos aproximadamente. En el momento en que el aceite pierda temperatura y se acerque a los 85 grados, deslizar en su interior los lomos de bacalao con la piel hacia arriba.

Tenerlos hasta que se confiten y queden jugosos, unos 8 o 10 minutos, manteniendo esa temperatura.

Escurrir los lomos y mantenerlos al calor.

Pilpil de zanahoria:
— Agua de bacalao
— Aceite de oliva de confitar el bacalao
— Reducción de zanahoria y naranja

Para el pilpil de zanahoria:

Reducir el agua de bacalao a fuego suave para que se vaya concentrando y espesando, añadiendo en hilo fino el aceite de confitar el bacalao, meneando en vaivén o ayudándose de unas varillas. Una vez montada la salsa pilpil, añadir la reducción de zanahoria y naranja y rectificar la sazón.

Acabado y presentación

En un plato, colocar una buena base de salsa pilpil, apoyar los lomos de bacalao escurridos y escoltar con las migas sofritas y el picadillo de langostinos.

Trucos

Podemos hacer una presentación más tradicional sumergiendo los lomos de bacalao en el pilpil y espolvoreando la superficie con el langostino sofrito y las migas.

CHIPIRONES SALTEADOS CON ENCEBOLLADO Y LIMÓN

Ingredientes

— 1 kg de chipirones pequeños
— 2 tomates medianos maduros
— 1 cebolleta cortada en tiras finas
— 4 dientes de ajo
— 1 pimiento verde pequeño en tiras finas
— 2 cucharadas soperas de vino blanco seco
— 1 limón
— 2 cucharadas soperas de perejil picado
— 4 cucharadas soperas de AOVE
— Sal

Preparación

Limpiar los chipirones con cuidado, sin eliminarles la piel. Vaciarlos, sacar las tintas para congelar y emplearlas para otras elaboraciones, y retirar por un lado los tentáculos y la lengüeta de carne interior y por otro los cuerpos con las aletas, todo muy limpio.

Sazonarlo, menearlo bien y reservar. Si los chipirones son demasiado grandes, partirlos en dos o tres trozos o cortarlos en anillas, según gustos.

Pelar los tomates, quitar el pedúnculo, cortarlos en gajos y eliminar las semillas interiores. Cortar la pulpa en dados minúsculos sobre la tabla con un cuchillo afilado.

En una sartén antiadherente hermosa con 3 cucharadas soperas de aceite, sofreír la cebolleta, los dientes de ajo y el pimiento verde, haciendo una suerte de encebollado ligeramente dorado. Serán necesarios unos 15 minutos. Entonces, subir el fuego, añadir el vino, los dados de tomate y saltearlos con rapidez para que no pierdan cuerpo y no se conviertan en salsa, tienen que notarse. Rallarle encima el limón, darle unas vueltas y rectificar la sazón.

Repartir esta cama en platos o en una fuente honda.

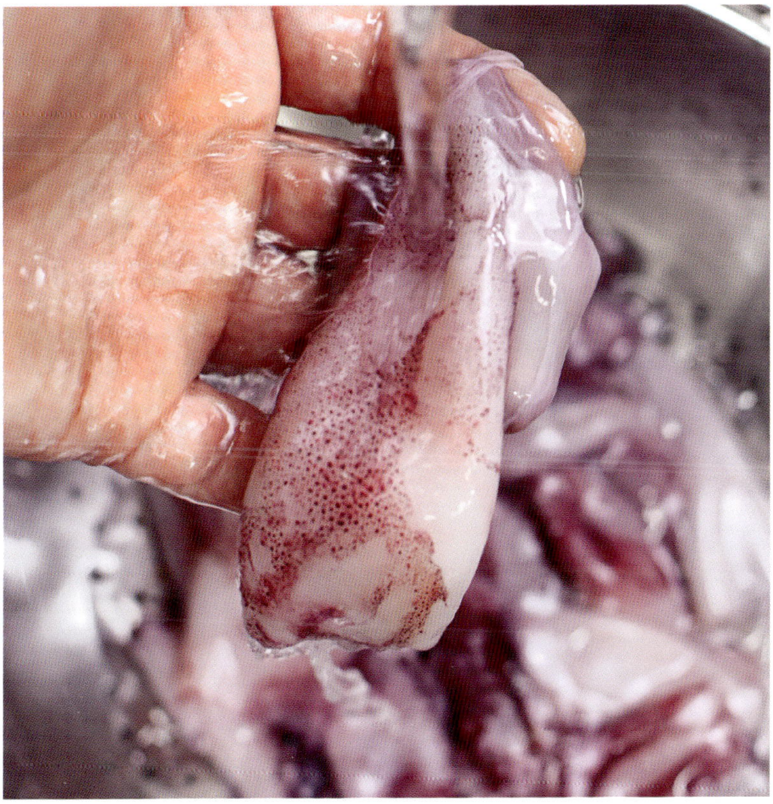

Acabado y presentación

Pasarle un papel a la sartén y, en el aceite restante, tostar vuelta y vuelta los cuerpos de chipirón, sin amontonar, que doren y queden ligeramente crudos en su interior, sin pasarlos de punto. Subir el fuego, añadir los tentáculos y las lengüetas, menear para que cojan calor, espolvorear el perejil y justo antes de sacar del fuego rociarlo con un poco de zumo de limón.

Colocar los chipirones sobre la base y rematar con el jugo que quedará en el fondo de la sartén.

Trucos

Al salteado de chipirones le podemos añadir justo al final un par de anchoíllas en aceite picadas, una cucharada sopera de alcaparras pequeñas y olivas negras deshuesadas si queremos darle un punto «provenzal».

DORADA CON GUISO DE GUISANTES, CALABAZA ASADA Y MAJADO DE AJOS Y ÑORAS

Ingredientes

Puré de calabaza asada:
- 1 calabaza pequeña tipo potimarron, bien madura
- 150 g de mantequilla
- Sal

Cama de guisantes:
- 100 g de cebolleta picada
- 40 g de panceta ibérica en dados pequeños
- 280 g de guisantes frescos pequeños repelados
- AOVE
- Sal

Puré de guisantes:
- 300 g de guisantes extrafinos congelados
- Agua

Preparación

Para el puré de calabaza asada:

Cortar la calabaza en cuartos y quitar las pepitas.

Envolver cada trozo en papel aluminio y asarlos en horno a 180 grados durante 30 minutos aproximadamente o cuando al pincharla esté blanda. Una vez asada, con ayuda de una cuchara, extraer la pulpa y colocarla en una sartén antiadherente.

Arrimarla a fuego muy suave para que vaya secándose y remover con una espátula. Debe quedar una pulpa bien seca, casi hasta que empiece a agarrarse a la sartén. Una vez lista, colocarlo en el vaso de una batidora y triturar a máxima potencia, añadiendo de a poco la mantequilla fría en dados.

Poner a punto de sal y reservar.

Para la cama de guisantes:

En una sartén bien caliente, sudar la cebolleta con un chorrito de aceite de oliva durante 25 minutos.

Añadir la panceta ibérica y que sofría, soltando su grasa.

Añadir los guisantes, mover unos 50 segundos y retirar del fuego, quitando el exceso de grasa si lo tuviera.

Poner a punto de sal y enfriar.

Para el puré de guisantes:

Descongelar bien el paquete de guisantes y triturar en el vaso de una batidora a máxima potencia con un chorrito de agua, no mucha, pues tiene que quedar una pasta espesa.

Colarla por un tamiz fino y reservar.

Guiso de guisantes y setas:
— 40 ml de AOVE
— 200 g de setas variadas limpias
— 75 ml de jugo de asado
— 200 g de cama de guisantes
— 50 g de puré de guisantes
— 1 cucharada sopera de mantequilla
— 1 cucharada sopera de nata semimontada
— Sal

Para el guiso de guisantes y setas:

En una sartén antiadherente, poner el aceite de oliva a fuego vivo y saltear las setas con una pizca de sal.

Mojarlas con el jugo de asado y dejar que reduzca para que abrace las setas e incorporar la cama de guisantes.

En el momento en el que hierva, añadir el puré de guisantes y mantener unos segundos para que se mezcle con el salteado, añadiendo fuera del fuego un hilo de AOVE, la mantequilla y la nata semimontada. Poner a punto de sal.

Majado de ajos y ñoras:
— 100 g de ñoras sin pepitas
— 100 ml de AOVE
— 75 g de ajos pelados laminados
— 250 g de tomate natural triturado o rallado
— Sal

Para el majado de ajos y ñoras:

Dorar las ñoras en el aceite sin que lleguen a tostarse. Sacarlas del aceite, colocar los ajos y, cuando empiecen a dorarse, añadir el tomate y cocinarlo durante 10-15 minutos. Añadir de nuevo la ñora, guisarla 10 minutos más y triturar para que quede un majado con aspecto cremoso. Rectificar la sazón.

Dorada con refrito:
— 4 lomos de dorada de 240 g cada uno
— 40 ml de AOVE
— 1 diente de ajo laminado
— Una punta de cayena fresca
— Sal

Para la dorada con refrito:

En una sartén antiadherente con una pizca de aceite a fuego vivo, tostar los lomos de dorada sazonados por el lado de la piel. Darles la vuelta y terminar rociándolos con el refrito hecho aparte con aceite, ajo y cayena.

Comprobar que el punto del pescado sea sonrosado.

Acabado y presentación

Sobre el plato, colocar unos puntos o una pincelada del majado.

Poner una lágrima del puré de calabaza, un buen cucharón de guiso de guisantes y setas, y rematar con el pescado recién hecho.

Trucos

Cuando las setas están muy sucias de tierra, conviene ayudarse del agua para limpiarlas bien, remojándolas y escurriéndolas rápidamente para que no se empapen y chupen la menor cantidad de agua.

HAMBURGUESA DE BOGAVANTE Y SALMÓN

Ingredientes

Bogavante:
- 1 bogavante de 500 g aproximadamente
- 2 l de agua
- 500 g de sal gruesa

Salsa tártara:
- 250 ml de mahonesa
- 1 cucharada sopera de alcaparras picadas
- 6 pepinillos en vinagre picados
- 1 cucharada sopera de perejil picado
- 1 cucharada sopera de cebolleta picada
- 1 cucharada sopera de mostaza tipo Dijon
- Una pizca de salsa de soja
- Una pizca de salsa Perrins
- Sal y pimienta

Relleno:
- El bogavante desmigado
- 100 g de salmón ahumado
- 100 g de salmón fresco
- 1 cebolleta pequeña picada
- 100 g de huevo cocido picado
- 50 ml de mahonesa
- Sal

Preparación

Para el bogavante:

Poner el agua con la mitad de la cantidad de sal a hervir.

Si está vivo, será mejor que comience a hervir a partir de agua fría; si el animal está muerto, sumergirlo en el momento que surja el hervor.

Preparar un baño de agua helada con la sal restante.

Contar 8 minutos aproximadamente y escurrirlo al baño de agua helada, dejando que enfríe.

Limpiar el bogavante, reservando toda la carne de las pinzas, la cola y toda la que se aloja en la cabeza, con paciencia.

Para la salsa tártara:

Mezclar todos los ingredientes y reservar, rectificando el sazonamiento.

Para el relleno:

Picar el bogavante y el salmón ahumado en una tabla con un cuchillo afilado, hasta que quede bien molido.

Mientras, en una sartén antiadherente con una pizca de aceite, dorar el salmón fresco por sus dos caras, durante un minuto aproximadamente. Que quede muy jugoso, sin hacer del todo, y picarlo también sobre la tabla con un cuchillo afilado.

Mezclar en un bol los dos salmones y la carne de bogavante, añadiendo la cebolleta y el huevo, incorporando la mahonesa y mezclando bien, rectificando la sazón.

Dejar que este relleno enfríe bien, que coja cuerpo, que no quede demasiado suelto para que podamos rellenar mejor los panecillos.

Acabado:
- 4 bollos de pan de hamburguesa
- Una pizca de mantequilla
- Hojas de rúcula
- Una pizca de AOVE y sal
- Salsa tártara
- El relleno de bogavante y salmón

Acabado y presentación

Abrir en dos los bollos de hamburguesa y dorarlos con mantequilla en una sartén por las caras interiores y exteriores para que queden más ricos.

En un bol, colocar las hojas de rúcula, añadirles un chorrito de aceite de oliva y sal y mezclar bien.

Colocar en la base del pan de hamburguesa un buen pellizco de salsa tártara y por encima las hojas de rúcula aliñadas.

Terminar con el relleno bien frío y firme, tapando con el pan para que se desborde un poco y chorree ligeramente.

Trucos

Todas las cáscaras y los restos de limpiar los bogavantes se pueden congelar en una bolsa y utilizarlos para hacer un caldo con el que guisar una caldereta o elaborar una sopa.

KOKOTXAS A LA SIDRA CON PIMENTÓN DE LA VERA

Ingredientes

— 50 ml de sidra
— 20 berberechos frescos
— 150 ml de AOVE
— 1 diente de ajo picado
— Una pizca de cayena fresca picada
— 400 g de *kokotxas* pequeñas de bacalao fresco
— 2 cucharadas soperas de cebollino picado
— Una pizca de pimentón de la Vera
— Sal

Preparación

Colocar en una sartén la sidra y los berberechos, tapar y mantener a fuego medio hasta que se abran.

Con ayuda de una espumadera, retirar los berberechos a una bandeja congelada (esto es para que pare la cocción y no se queden cauchosos). Separar la carne con cuidado y quitar las conchas. Reducir el jugo de cocción hasta que queden 3 cucharadas de postre pequeñas y enfriarlo. Juntarlo con los berberechos fríos y reservarlos.

Calentar en una cazuela ancha y baja el aceite de oliva y agregar el ajo picado fino y la cayena.

Cuando el ajo empiece a bailar, añadir las *kokotxas* frescas de bacalao y dejar que se hagan durante unos 3 minutos a fuego muy suave, con borbotones imperceptibles.

Entonces, retirar todo el aceite y apartar a un bol para que enfríe, dejando las *kokotxas* en la cazuela.

Acabado y presentación

Ligarlas como siempre, comenzando fuera del fuego y dando movimientos de vaivén a la cazuela para que empiecen a emulsionar, añadiendo poco a poco y en hilo fino el aceite retirado templado.

Alternar el jugo de los berberechos, añadiéndolo con cuidado sobre la cazuela para que ayude a emulsionar la preparación.

Una vez añadida la última gota de aceite, subir un poco la intensidad del calor y, en cuanto veamos que asoma el primer hervor, añadir la carne de los berberechos.

Incorporar el cebollino picado y espolvorear con una pizca de pimentón, para que vuelva encarnada la salsa.

Rectificar la sazón.

Trucos

Podemos sustituir los berberechos por pequeños mejillones o almejas y reducir el jugo de la misma forma. Es importante no sazonar las *kokotxas* porque este jugo reducido suele ser suficiente para darle sazón.

LENGUADO CON SU JUGO DE ASADO, SALSA DE HONGOS Y GAMBAS

Ingredientes

Salsa de hongos:
- 350 g de hongos
- 1 cebolleta picada
- 1 diente de ajo
- 1 cucharada sopera de mantequilla
- 50 ml de vermú blanco
- 120 ml de nata
- Sal

Además:
- 4 lenguaditos de ración de 450 g cada uno, sin cabeza
- Una pizca de harina
- 2 cucharadas soperas de mantequilla
- 1 limón
- 2 cucharadas soperas de cebollino
- 200 g de colas crudas de gambas blancas pequeñas y peladas
- Sal y pimienta

Preparación

Para la salsa de hongos:

Lavar y trocear en dados pequeños todos los hongos. En un puchero, sofreír la cebolleta con el ajo, la mantequilla y una pizca de sal durante 10 minutos. Pasado este tiempo, incorporar los hongos, remover, verter el vermú y dejar que suelten jugo y evapore, formándose un sofrito muy sabroso. Después de 20 minutos, añadir la nata y permitir que guise despacio, formándose un ragú de setas cremoso y fondante. Mantenerlo al calor.

Acabado y presentación

Decirle al pescatero que mantenga la piel de los lenguados, pero que les quite las escamas. Secarlos bien, salpimentarlos y pasarlos por harina, sacudiéndolos para que no tengan exceso.

En una sartén amplia, fundir una cucharada sopera de mantequilla y cuando burbujee añadir dos lenguados por el lado de la piel oscura, dejando que se cocine a fuego vivo, sin parar de rociarlos con una cuchara. No hacerlos del todo porque los terminaremos en el horno; que estén al fuego unos 4 minutos, 2 minutos por cada lado.

Escurrirlos a una bandeja con la piel oscura hacia arriba y, con la cucharada sopera restante de mantequilla, hacer lo mismo con los dos lenguados restantes.

Una vez que estén las cuatro piezas en la bandeja de horno, rociar el fondo de la sartén en la que los hemos soasado con el zumo del limón y dejar que hierva unos segundos, para recuperar los jugos del fondo, rociando con esta salsa los lenguados. Meterlos en un horno precalentado a 160 grados, durante unos 6-8 minutos más sin que se sequen, que la espina quede sonrosada.

Colar el jugo del fondo de la bandeja sobre la salsa de hongos, incorporar el cebollino picado y rectificar la sazón, añadiendo sal, pimienta o una pizca de zumo de limón recién exprimido si nos gusta viva. Antes de servir, añadir las colas de gamba crudas a la salsa para que cojan temperatura, pero intentando que caigan crudas-calientes sobre el lomo de los lenguados asados.

Trucos

Es muy importante que a los lenguados les mantengamos todas las espinas y esa corona lateral porque acumula gelatina deliciosa para rechupetear.

LOMO DE ATÚN SOBRE UNA CAMA DE CEBOLLETAS FRESCAS Y VINAGRETA DE TOMATE

Ingredientes

Cama de cebolleta:
- 500 g de cebolla picada
- 80 ml de AOVE
- 80 g de panceta ibérica curada cortada fina
- 180 ml de nata líquida
- Sal

Vinagreta de tomate:
- 300 g de tomate pelado despepitado y picado en dados
- 50 g de cebolleta picada
- 40 ml de vinagre de sidra
- 200 ml de AOVE
- 2 cucharadas soperas de cebollino
- Sal y una pizca de azúcar

Preparación

Para la cama de cebolleta:

En una cazuela, poner el aceite de oliva junto con la cebolla a pochar muy lentamente durante 1 hora, hasta que esté bastante hecha, sin que coja color.

Escurrirla para eliminar el exceso de grasa.

En una sartén aparte, rehogar la panceta en tiras finas con una gota de aceite durante 30 segundos.

Añadir la cebolla escurrida y la nata, hirviendo a fuego suave hasta que quede una crema ligada. Rectificar la sazón.

Para la vinagreta de tomate:

Juntar todos los ingredientes, poner a punto de sal y reservar en la nevera.

Lomo de atún:
— 6 rodajas de lomo de atún de 2 cm de grosor
— AOVE y sal

Acabado y presentación

Para el lomo de atún:

Sazonar los lomos de atún y dorarlos en una sartén antiadherente, dejándolos jugosos en su interior o al punto deseado. Es una pena secar este tipo de productos, pero, si nos gusta el lomo más hecho, pues cada uno se lo come como le apetece.

Colocar los lomos de atún sobre la cama de cebolleta caliente y rociar con la vinagreta de tomate.

Trucos

En verano, en plena temporada del bonito del norte, se puede sustituir el atún rojo por una buena ijada o ventresca de bonito.

LUBINA ASADA CON CAMA DE COL Y ALIOLI LIGERO

Ingredientes

Puré de patata:
— 200 g de pulpa de puré de patata
— 50 ml de leche
— 50 ml de AOVE
— Sal

Puré de coliflor:
— 200 g de coliflor en ramilletes
— 25 g de mantequilla fría en dados
— Sal

Cama de col y patata:
— 6 hojas grandes de col
— El puré de patata
— El puré de coliflor
— Sal

Alioli ligero:
— 2 yemas de huevo
— 1 diente de ajo crudo
— 200 ml de AOVE
— 2 cucharadas soperas de nata
— Cebollino picado
— Sal

Preparación

Para el puré de patata:

La pulpa la obtenemos cociendo patatas con piel en abundante agua con sal hasta que, al pincharlas con una puntilla, entre el filo fácilmente.

Las dejamos enfriar escurridas, las pelamos y las pasamos por un pasapurés, reuniendo 200 g de pulpa en un bol.

Regamos la pulpa con el aceite y en un cazo aparte hervimos la leche, que incorporamos a la mezcla, integrando bien el puré, y rectificando de sazón.

Si queremos que quede bien fino, pasarlo a través de un tamiz.

Tener cuidado de que no quede un puré líquido por exceso de leche.

Para el puré de coliflor:

Cocer la coliflor en abundante agua con sal hasta que quede bien hecha. Escurrirla y aún caliente meterla en el vaso de una batidora americana, accionando la máxima potencia mientras añadimos por la boca la mantequilla de a poco, rectificando la sazón.

Reservar.

Para la cama de col y patata:

Cortar la berza en tiras finas y cocerla en abundante agua con sal durante 20 minutos, que quede bien hecha.

Escurrirla y mezclarla con los purés, rectificando la sazón.

Para el alioli ligero:

En un vaso de túrmix, juntar las yemas y el ajo e ir emulsionando todo poco a poco a medida que se le va agregando el aceite de oliva en forma de hilo fino.

Una vez que lo tengamos bien ligado, rectificar la sazón y añadir una pizca de nata para darle más untuosidad y estirar la salsa, rematando con el cebollino picado.

Lubina:
— 4 lomos de lubina de 200 g cada uno
— 40 ml de AOVE
— 1 ajo laminado
— Cayena fresca
— Vinagre de sidra
— Sal

Para la lubina:

En una sartén antiadherente con una pizca de aceite, dorar los lomos sazonados de lubina por el lado de la piel, para que tueste bien.

Darles la vuelta y rematarlos por el lado de la carne un par de minutos más, para que no se sequen y queden sonrosados.

Fuera del fuego, rociar el pescado con el vinagre de sidra y con un refrito de aceite y ajos dorados.

Acabado:
— Lubina
— Cama de col y patata
— Alioli ligero
— Una pizca de pimentón de la Vera

Acabado y presentación

Escurrir los lomos de lubina y servirlos con la cama de col y patata, pintando el fondo del plato con el alioli ligero y espolvoreando el pimentón.

LUBINA CON JUGO VERDE DE ESPÁRRAGOS, GUISANTES Y SALICORNIA

Ingredientes

— 250 g de espárragos verdes
— 250 g de guisantes congelados
— 300 ml de caldo de verduras
— 2 dientes de ajo
— 2 cucharadas soperas de AOVE
— 1 cucharada sopera de mantequilla
— 1 quesito en triángulo
— Sal y pimienta

Preparación

Eliminar a los espárragos los tallos duros y lavarlos, picándolos finamente. No hace falta pelarlos. En las 2 cucharadas soperas de aceite a fuego suave, pochar los ajos picados y añadir los espárragos, dando vueltas. Salpimentar. Mojar con el caldo de verduras caliente y dejar que hierva 2 minutos. Pasado ese tiempo, meter los guisantes congelados y rápidamente pasar la mezcla a una batidora americana, accionando la máxima potencia y añadiendo por la boca la mantequilla y el quesito, rectificando el sazonamiento. Tiene que quedar una salsa espumosa y muy cremosa.

Además:
— 4 lomos de lubina de 200 g con piel
— Cuatro puñados de salicornia
— 1 diente de ajo picado
— 1 cucharadita de jengibre fresco rallado
— 1 cucharada sopera de AOVE
— Una punta de menta fresca
— Vinagre de sidra
— Sal y pimienta

Acabado y presentación

Limpiar la salicornia, lavarla en agua y escurrirla. Picar la menta en tiras finas. Salpimentar los lomos de lubina y marcarlos en una sartén por el lado de la piel, que quede bien tostada. Bajar el fuego, darles la vuelta y tenerlos por el lado de la carne hasta que se les infiltre el calor y estén sonrosados; el tiempo total de cocción será de unos 8 minutos. Se pueden hacer los clásicos vuelcos, añadiendo al final sobre el pescado ya cocinado un refrito de aceite y ajos laminados y un hilo de vinagre de sidra, devolviendo el jugo que forma el pescado y el sofrito de nuevo a la sartén tres veces seguidas, para que emulsione y forme una salsa apetecible.

Algunos a la lubina le quitan la piel, pero a mí me encanta si se torra bien.

Servir las lubinas en el fondo de un plato hondo y rodearla del jugo de espárragos y guisantes bien espumoso, después de haberle metido un golpe de batidora para que quede aéreo.

Sobre las lubinas, servir las salicornias, salteadas al final en una sartén antiadherente con el aceite, el ajo y el jengibre, añadiendo fuera del fuego la menta fresca y salpimentando.

Trucos

La cocción de la salicornia es de unos pocos segundos, siempre a fuego alegre, que pierda un poco de viveza pero que quede bien firme y con su tono verde y yodado característico.

MARINERA DE BERBERECHOS CON MAHONESA CÍTRICA

Ingredientes

Berberechos:
— 500 g de berberechos
— 20 g de mantequilla
— 2 chalotas en tiras finas
— 8 g de tomillo deshojado
— 150 ml de vino blanco
— 1 cucharada sopera de AOVE
— 2 chalotas picadas finamente
— Vinagre de sidra
— 1 zanahoria mediana
— 1 lima
— AOVE y sal

Preparación

Para los berberechos:

Lavar bien los berberechos en un baño de agua fría.

Colocarlos durante 1 hora en agua con sal en la nevera.

Dentro de una cacerola, fundir la mantequilla y sudar las chalotas en tiras junto con el tomillo.

Agregar los berberechos escurridos y el vino blanco, y cocinar cubierto hasta que se abran, pero sin cocerlos demasiado para que no queden cauchosos.

Escurrirlos y desechar la cáscara vacía, soltar la carne de berberecho de la otra cáscara y meterlos en un bol.

Guardar estas cáscaras para el emplatado final.

Rescatar el jugo de cocción y filtrarlo para eliminarle las impurezas.

Arrimar este jugo a fuego suave y reducirlo lentamente hasta que merme a la mitad. Reservarlo.

En otro puchero con una cucharada sopera de aceite de oliva, rehogar las chalotas picadas durante unos minutos para que se ablanden.

Entonces, añadir los berberechos durante 30 segundos, regarlos con unas gotas de vinagre, retirarlos del fuego rápidamente y echarlos a una bandeja, para que pierdan calor lo más rápido posible.

Por otro lado, lavar y pelar la zanahoria, cortarla en láminas finas, estas en tiras estrechas, y luego picarlo todo muy menudo, lo más pequeño posible.

Cocer este picado en agua con sal unos minutos y escurrirlo, bañándolo después en agua y hielo, para que quede con textura y no se pase de cocción.

Escurrir la zanahoria y aliñarla con aceite, sal, un poco de ralladura de la lima y unas gotas de zumo de la misma lima.

Lo que queda de lima la reservamos para la siguiente elaboración.

Mahonesa cítrica:
— 2 yemas de huevo
— 20 g de mostaza tipo Dijon
— El zumo de la lima
— Ralladura de lima
— 400 ml de AOVE
— Jugo reducido de cocción de los berberechos
— Sal

Para la mahonesa cítrica:

En un vaso de túrmix, mezclar con ayuda de una batidora las yemas de huevo, la mostaza, el zumo de lima y la ralladura.

Poco a poco añadir en hilo fino el aceite de oliva hasta conseguir la salsa ligada.

Entonces, añadir el jugo de cocción de los berberechos frío hasta que sea una salsa ligera y fluida, cremosa.

Rectificarla de sazón, si fuera necesario.

Acabado y presentación

Rellenar cada concha de berberecho con una fina capa de mahonesa. Extender el picadillo aliñado de zanahoria y apoyar encima el berberecho.

Podemos rallar al final un poco más de lima, para darle un toque aún más fresco.

Trucos

Una buena base de sal gorda sobre una bandeja nos facilitará apoyar las cáscaras de los berberechos y servirlas más cómodamente. Con lo que sobre de mahonesa, podemos aliñar unas patatas cocidas o usarla como salsa para un pescado cocido o a la plancha.

MERLUZA CON TOCINETA EN SALSA VERDE, BERBERECHOS Y PURÉ DE COLIFLOR

Ingredientes

Puré de coliflor:
- 1 coliflor mediana
- 300 ml de leche
- 60 g de mantequilla
- 2 cucharadas soperas de arroz
- 200 ml de nata
- Una pizca de nuez moscada
- Sal y pimienta

Berberechos en salsa verde:
- 3 cucharadas soperas de AOVE
- 2 dientes de ajo picados
- 1 cucharadita de harina
- Un chorrito de vino blanco o *txacoli*
- 250 ml de caldo de pescado o agua en su defecto
- 500 g de berberechos
- 2 cucharadas soperas de perejil picado

Preparación

Para el puré de coliflor:

Cortar la coliflor en ramilletes y lavarlos bien.

Sumergirlos en la leche recién hervida y dejarlos tapados con un plato durante 20 minutos para que la leche coja gusto a coliflor.

Después, pasarlo por un colador y reservar la leche.

Calentar la mantequilla, añadir las flores de coliflor recién escurridas y sudarlas al fuego unos minutos sin que cojan mucho color, incorporando los granos de arroz.

Entonces, mojar con la leche, añadir la nata y la sal, y dejar que cueza todo junto por espacio de unos 20 minutos o hasta que veamos que la coliflor está cocida y la atraviesa fácilmente el filo de un cuchillo.

Pasar todo por la batidora para obtener un puré untuoso, añadiendo la nuez moscada y la pimienta.

Rectificar el sazonamiento y añadir sal si fuera necesario.

Reservar.

Para los berberechos en salsa verde:

Rehogar el ajo picado con el aceite en una cazuela ancha y de baja altura. Cuando el ajo comience a bailar, sin dorarse, añadir la cucharadita de harina, dando unas vueltas rápidas.

Verter el *txacoli*, remover e inmediatamente mojar con el caldo de pescado o el agua. Dar un hervor de 2 minutos, removiendo constantemente con ayuda de una varilla.

A continuación, añadir los berberechos y mantener en el fuego hasta que se abran.

Espolvorearlos con perejil.

Cuidar que los berberechos no se pasen de cocción, ya que quedarían chiclosos.

Si llegase a quedar alguno sin abrir, desecharlo sin dudar.

Merluza con tocineta ibérica:
- 4 lomos de merluza de 100 g aproximadamente
- 8 lonchas finas de tocineta ibérica adobada
- 80 ml de AOVE
- 4 dientes de ajo laminados finos
- 1 rodaja fina de cayena
- 2 cucharadas soperas de vinagre de sidra
- Sal

Para la merluza con tocineta ibérica:

Limpiar y filetear la merluza sacando los lomos, cortándola en porciones de unos 100 g. Sazonarlos ligeramente.

Sobre una tabla, estirar dos láminas de tocineta en forma de cruz. Colocar las merluzas en el centro, con la piel hacia arriba. Envolver la merluza con la tocineta lo más cubierta y lo más apretada posible.

En una sartén antiadherente con 20 ml de aceite, cocinar la merluza por ambos lados, empezando por la parte de la piel. Una vez casi hechas, las retiraremos a una bandeja para terminarlas con el refrito a los tres vuelcos. Para eso, calentar en una sartén los 60 ml restantes de aceite junto con la cayena fresca y los ajos laminados.

En cuanto empiece a bailar el ajo, volcar el refrito sobre las merluzas, añadiendo el vinagre a la merluza. Devolver todo el jugo que suelte a la sartén, calentarlo unos segundos y volverlo a echar sobre las merluzas, repetirlo dos veces más.

Acabado y presentación

Colocar los lomos de pescado recién asados con una pizca del jugo de los vuelcos sobre la vajilla y guarnecer con los berberechos y su jugo, empapando, además del puré de coliflor, extendido en el fondo en forma de una gran lágrima.

Trucos

Este plato también sale fabuloso con lomos de bacalao o con almejas o pequeños mejillones en vez de berberechos.

RAPE ASADO CON FALSO* RISOTTO *DE SETAS, CRUJIENTE Y CREMOSO DE ALGAS

Ingredientes

Patatas en salsa verde:
— 1 diente de ajo picado
— 100 g de cebolleta picada
— 300 g de patatas peladas en rodajas de 0,5 cm
— 1 l de caldo de pescado
— 2 cucharadas soperas de AOVE

Crema de algas:
— Las patatas en salsa verde
— 125 ml de nata
— 50 ml de caldo de pescado
— 50 ml de AOVE
— 5 g de alga nori en polvo
— Sal

Jugo de champiñones:
— 30 g de mantequilla
— 50 g de chalota picada
— 500 g de champiñón laminado
— 3 cucharadas soperas de vino blanco
— 300 ml de caldo de ave
— 100 ml de nata
— 2 cucharadas soperas de oporto

Preparación

Para las patatas en salsa verde:

En una cazuela, colocar el aceite de oliva e incorporar el ajo; cuando este comience a bailar, volcar la cebolleta y pochar durante 5 minutos.

Luego, añadir las patatas y rehogar durante 5 minutos. A continuación, agregar el caldo de pescado y dejar cocer durante 20 minutos a fuego lento.

Para la crema de algas:

Triturar en una batidora de vaso las patatas junto con el caldo de pescado y la nata.

Añadir el aceite de oliva y el alga nori previamente hidratada en agua fría.

Rectificar la sazón y poner a punto, pasando la mezcla por un tamiz fino.

Meter la mezcla en un sifón y aplicarle las dos cargas.

Para el jugo de champiñones:

En una cazuela, fundir la mantequilla, agregar la chalota y sudarla durante 5 minutos.

Añadir el champiñón laminado fino y guisarlo 15 minutos, removiendo constantemente.

Agregar el vino blanco y reducir a seco, agregar el caldo y la nata y, cuando rompa el hervor, cocinar durante 5 minutos a fuego muy lento con la tapa puesta.

Pasado ese tiempo, retirar del fuego y dejar reposar tapado durante 10 minutos.

Pasar por un colador fino apretando bien para extraer todo el jugo.

Colocar la mezcla en una batidora y accionar a máxima potencia incorporando el oporto.

Reservar.

Falso *risotto* de champiñones:
— 300 g de champiñones en dados pequeños
— 1 cucharada sopera de mantequilla
— El jugo de champiñones
— 1 cucharada sopera de mascarpone
— 1 cucharada sopera de parmesano rallado
— AOVE y sal

Para el falso *risotto* de champiñones:

En un puchero ancho y bajo, sofreír los champiñones con una pizca de aceite y mantequilla, hasta que empiecen a evaporar el agua y acaben entregándose al fondo.

Añadir el jugo de champiñones y dejar que vaya cocinándose y consumiéndose el fondo, tomando apariencia de *risotto*; más o menos serán necesarios unos 20 minutos a fuego suave.

Fuera del fuego, mantecar la preparación, añadiendo el queso mascarpone y el parmesano, sin dejar de remover.

Rectificar la sazón.

Acabado y presentación

Rape:
— 4 lomos de rape de 200 g cada uno
— 3 dientes de ajo laminados
— Una pizca de guindilla fresca
— 1 cucharada sopera de vinagre de sidra
— 4 cucharadas soperas de AOVE

Además:
— Sifón con 2 cargas

Para el rape:

Secar el rape con un trapo para eliminar la humedad y dorarlo en una sartén antiadherente por sus dos caras.

Meterlo en un horno a 180 grados en la misma sartén y tenerlo unos 8 minutos, evitando que se seque y quede sonrosado en su interior.

Al sacarlo, rociarlo con el vinagre y echarle por encima un refrito de aceite con los ajos dorados y la guindilla.

Repetir con los clásicos tres vuelcos.

Servir el rape con el *risotto* de champiñones y la crema de algas.

Trucos

Lo normal es no tener un sifón y cargas en casa, así que podemos servir la misma crema de algas sin añadirle el caldo de pescado, para que tenga más cuerpo.

RODABALLO, PATATAS Y TRUFA

Ingredientes

— 4 lomos de rodaballo de 250 g aproximadamente
— 300 g de patatas pequeñas con piel
— 1 manojo de cebollino
— 1 trufa negra
— 280 ml de fumet de pescado
— 180 g de mantequilla fría
— Una pizca de zumo de limón
— AOVF y sal

Preparación

Salpimentar los lomos de rodaballo.

En un puchero con abundante agua y una pizca de sal, hervir las patatas a fuego suave hasta que las podamos atravesar con el filo de un cuchillo fácilmente.

Escurrirlas y dejarlas entibiar.

Picar el cebollino finamente.

Rallas la trufa con delicadeza.

Poner a hervir suavemente el fumet de pescado y reducirlo hasta la mitad de volumen. Entonces, bien caliente, ir añadiendo poco a poco la mantequilla, batiendo enérgicamente con unas varillas para formar una salsa densa, cremosa y apetitosa.

Una vez que agreguemos el último dado de mantequilla, salpimentar generosamente la salsa y añadir una pizca de zumo de limón.

Mantener la salsa caliente.

Acabado y presentación

En una sartén antiadherente amplia, con una pizca de aceite de oliva, dorar los lomos de rodaballo, primero por la piel y luego por la carne, dejando que queden bien rosas por dentro.

El tiempo aproximado de cocción será de unos 4 minutos por cada lado.

Partir las patatas cocidas en dos y sumergirlas en la salsa recién montada para que se calienten y absorban el gusto de la salsa.

Colocar los lomos de rodaballo sobre las patatas y la salsa, y espolvorear la trufa y el cebollino picado.

Trucos

Si la salsa de mantequilla se corta, basta con añadirle un poco de agua fría o de fumet para contrarrestar el exceso de grasa y que vuelva a quedar bien ligada. Una pizca de ralladura de limón a esta salsa le va de perlas.

SALMÓN ASADO A LA UNILATERAL CON SALSA DE NARANJA

Ingredientes

— 2 cebolletas en tiras
— 2 bolas de pimienta negra
— 100 g de champiñones laminados
— 250 ml de vino blanco seco
— 200 ml de caldo de pescado
— 200 ml de nata líquida
— 1 naranja
— Una pizca de AOVE
— Una punta de estragón fresco
— Sal

Preparación

Rallar una pizca de naranja, pelarla con un cuchillo a vivo sobre la tabla, rescatar los gajos sin las membranas blancas y apretar lo que quede de naranja para extraer el zumo.

En un puchero bajo y ancho con el aceite, sofreír sin colorear las cebolletas, los champis y las pimientas machacadas en el mortero. Sazonar. Después de 5 minutos, añadir el vino y reducir de volumen a la mitad, siempre a fuego suave. Continuar con el caldo y hacer lo mismo. Por último, incorporar la nata, la pizca de ralladura, el zumo y el estragón, dejando que hierva 5 minutos más. Pasado este tiempo, colar el jugo, ponerlo en un cazo limpio y añadir los gajos de naranja cortados en dados. Rectificar la sazón de la salsa, añadiendo pimienta y unas gotas más de vino para subirle la acidez.

Además:
— 4 lomos de salmón fresco de 180 g cada uno con piel
— Una pizca de curri
— Una gota de AOVE
— Sal y pimienta

Acabado y presentación

Salpimentar los lomos de salmón, espolvorearlos con el curri y empaparlos con una gota de aceite, manoseándolos para que se pringuen bien.

Poner una sartén antiadherente con una gota de aceite a fuego muy suave y colocar el salmón con la piel hacia abajo para cocinarlo a la «unilateral», que se tueste la piel y el calor le vaya entrando al pescado de abajo arriba, sin necesidad de darle la vuelta. Veremos cómo va cambiando de color y, en cuanto pasen unos 6-8 minutos y comprobemos que toma un aspecto tornasolado y que la panza del lomo sigue cruda pero se le acerca la temperatura, apagamos el fuego, cubrimos con un plato y dejamos que el pescado repose unos minutos para que termine de cocinarse homogéneamente.

Darle un varillazo a la salsa y verterla en un plato hondo, alrededor del pescado puesto en el plato con la piel hacia arriba.

Trucos

Por el mismo método de cocción podemos cocinar lomos de bacalao fresco, truca, mero o merluza, cambiando el aliño del curri por otras especias que nos gusten, pimentón de la Vera, *ras el hanout*, etc.

SALMONETITOS FRITOS Y EMBARRADOS CON ACEITUNAS Y KÉTCHUP CASERO

Ingredientes

Salsa:
— 350 g de tomates maduros
— 1 cucharada sopera de concentrado de tomate
— 1 cucharada sopera de miel
— 10 hojas de albahaca
— 1 cayena fresca
— 2 cucharadas soperas de AOVE

Además:
— 2 cucharadas soperas de kétchup
— 6 hojas de albahaca cortadas en tiras muy finas

Salmonetes:
— 1 kg de salmonetitos pequeños de fritura
— 2 cucharadas soperas de AOVE
— 1 cucharada sopera de pasta de aceitunas negras
— 1 cucharada sopera de alcaparras pequeñas
— Harina de garbanzos
— Aceite de fritura
— Sal

Preparación

Para la salsa:

Triturar todos los ingredientes en el vaso de una batidora a máxima potencia y verter la mezcla en un pequeño cazo puesto al fuego, hirviendo a fuego suave hasta que evapore el agua y se forme un sofrito en el fondo en el que aflore una pizca de aceite. Menear con una lengua de goma para que la salsa no se agarre demasiado al fondo.

Una vez que esté fría, añadirle el kétchup y la albahaca cortada en tiras muy finas. Mezclar bien. Queda una salsa con personalidad.

Para los salmonetes:

Mezclar en un bol muy amplio la cucharada sopera de aceite, la pasta de aceitunas negras y las alcaparras, aplastando con las púas de un tenedor para formar una pastita con mucho sabor. Reservarla.

A los salmonetitos quitarles el máximo posible de escamas, destriparlos y con unas tijeras eliminar las barbas que puedan tener en el pecho o las espinas que sobresalen. Dejarles la cabeza. O emplear salmonetes más grandes, deslomados y cortados en tiras anchas.

Sazonarlos. Pasarlos rápidamente por harina de garbanzos y menearlos con las manos para que la pillen bien, agitándolos en un cedazo o colador para retirar el exceso.

Acabado y presentación

En un baño abundante de aceite caliente puesto al fuego, freírlos de a pocos para mantener vivo el calor y que no se recuezan. Será importante que se tuesten bien y queden dorados y crujientes. Es mejor pecar de exceso de cocción para que estén bien dorados, jamás blandengues.

Escurrirlos sobre papel absorbente y, cuando estén todos fritos, meterlos en el bol con la pasta de aceitunas, meneándolos en el aire para que se empapen todos de ese barrillo negro hecho con el aceite, las alcaparras y la pasta de aceitunas negras.

Servirlos con la salsa, a modo de unte.

Trucos

Podemos hacer la misma receta con pescado menudos como chanquetitos o boquerones.

VIEIRAS SALTEADAS CON RAVIOLIS DE MOUSSE DE CEBOLLA Y PUERRO

Ingredientes

Sofrito de cebolla:
— 7 cebollas
— 150 ml de AOVE
— Sal

Mousse de cebolla:
— 250 g de sofrito de cebolla
— 2 hojas de gelatina
— 100 ml de nata semimontada
— Sal

Ravioli de cebolla:
— Pasta tipo *wonton*
— Mousse de cebolla
— Sal

Cubierta de yema y perejil:
— 40 ml de AOVE
— 2 yemas de huevo cocidas
— 1 cucharada sopera de perejil picado
— 1 lomo de anchoa en salazón
— 1 diente de ajo

Puré de hierbas frescas:
— 100 g de perejil deshojado
— 80 g de perifollo deshojado

Preparación

Para el sofrito de cebolla:

Pelar y cortar en dados todas las cebollas, sofreírlas a fuego suave durante 90 minutos, sin que cojan mucho color. Escurrirlas, triturarlas en el vaso de una batidora y rectificar la sazón, debiendo quedar un puré de cebollas muy apetitoso.

Para la mousse de cebolla:

Hidratar las hojas de gelatina en abundante agua fría y escurrirla, apretando con la mano para eliminar el agua.

Añadírsela a un tercio del sofrito de cebolla previamente calentado, mezclando bien. Añadirlo al resto del sofrito de cebolla frío.

Entonces, ir agregando, poco a poco y con movimientos envolventes, la nata semimontada delicadamente.

Rectificar la sazón.

Para el ravioli de cebolla:

Cocer la pasta fresca en agua con sal durante aproximadamente medio minuto o 1 minuto; siempre tiene que quedar al dente.

Escurrir y estirar sobre un papel de horno pincelado ligeramente con aceite de oliva.

Rellenar cada cuadrado de pasta con una buena cucharada de mousse de cebolla, formando raviolis cuadrados de 3 × 3 cm.

Reservarlos en la nevera.

Para la cubierta de yema y perejil:

Picar finamente todos los ingredientes, pasando las yemas de huevo por un tamiz o colador.

Mezclar todo y reservar.

Para el puré de hierbas frescas:

Lavar todas las hierbas y escurrirlas.

— 50 g de cebollino
— 1 cucharada sopera de bicarbonato de sodio
— 1 cucharada sopera de sal

Poner un puchero con agua a hervir y, cuando arranque, añadir sal y bicarbonato. En cuanto aflore de nuevo el hervor, introducir las hierbas, remover y en pocos segundos escurrirlas, sumergiéndolas luego en un baño helado de agua con hielos para que enfríen y se fije el color verde.

Meterlas en el vaso de una batidora americana y accionar a máxima potencia añadiendo algunas cucharadas del agua de cocción.

Triturar unos 3 minutos para que el puré quede bien fino. Pasarlo por un tamiz o colador y reservarlo.

Vinagreta de hierbas:
— 50 ml de caldo de verduras
— 100 ml de AOVE
— 100 g de puré de hierbas frescas
— 1 cucharada sopera de vinagre de Jerez
— Sal

Para la vinagreta de hierbas:

Mezclar todos los ingredientes y poner a punto con el vinagre de Jerez.

Salteado de puerro joven:
— 1 manojo de puerros tiernos
— AOVE
— Sal

Para el salteado de puerro joven:

Trocear los puerros en tres trozos de 5 cm aprovechando su parte verde. Cortar a la mitad en sentido longitudinal. Saltearlos en una sartén bien caliente con aceite y sal y reservarlos.

Acabado y presentación

Vieiras salteadas:
— 8 vieiras
— AOVE y sal

Para las vieiras salteadas:

En una sartén bien caliente, saltear las vieiras por ambos lados con un poco de aceite de oliva y sal.

Colocarlas en el plato y cubrirlas con una cucharadita de café de la cubierta de yema y perejil. Al lado, disponer un par de raviolis rellenos, encima dos puerros salteados y salsear con la vinagreta de hierbas.

Trucos

Es importante cuidar el punto de la vieira ya que tiene que estar dorada por fuera y jugosa y rosa por dentro.

CARNES

CARRÉ *DE CERDO ASADO CON SETAS*

Ingredientes

— 1 *carré* de cerdo de 4 chuletas preparado por el carnicero
— 2 cucharadas soperas de AOVE
— 120 g de mantequilla
— 350 g de setas menudas de temporada, limpias
— 2 filetes de anchoa en salazón picadas
— 2 chalotas picadas
— Medio vaso de vino blanco
— 8 cucharadas soperas de jugo o salsa de carne
— 2 cucharadas soperas de perejil picado
— AOVE
— Sal y pimienta

Preparación

Precalentar el horno a 180 grados.

Salpimentar el *carré* generosamente, frotando con las manos para que le entre bien la sazón. Conviene hacerlo un buen rato antes.

Dentro de una *cocotte* o cazuela baja y ancha con tapa, dorar el *carré* por todas sus caras con el aceite y la mantequilla, sin quemar la grasa y rociando constantemente con una cuchara para que quede dorado apetitoso.

Meter la *cocotte* sin tapa en el horno durante 15-20 minutos.

Entonces, sacar la cazuela del horno, rescatar el *carré* y colocarlo en un plato para que repose y los jugos se concentren en su interior.

Arrimar la cazuela al fuego, con cuidado para no quemarse y desgrasar el fondo si estuviera encharcado, con ayuda de una cuchara.

Añadir una pizca de aceite nuevo y saltear las setas limpias unos minutos, hasta que pierdan la humedad, pero sin secarse. Salpimentarlas y retirarlas.

En ese mismo fondo, añadir las anchoas, remover, incorporar las chalotas, sofreírlas ligeramente y verter el vino, dejando que reduzca bastante antes de añadir el jugo de carne.

Si no tenemos jugo de carne, podemos añadir media pastilla de caldo desleída en medio vaso de agua.

Que quede un fondo sabroso y desligado, después de hervir suavemente unos minutos.

Incorporar las setas y menearlas para que se empapen bien.

Acabado y presentación

Cortar el *carré* sobre la tabla con un cuchillo afilado y separarlo en chuletas gruesas.

Servirlo con el fondo del asado que tiene las setas salteadas y todo el sabor.

Espolvorear con perejil picado.

Trucos

Justo al acabar el fondo de setas y jugo, añadir una pizca de brandy y de zumo de limón para que se potencie aún más el sabor.

CARRILLERAS DE TERNERA CON CEBOLLAS TIERNAS

Ingredientes

— 2 cm de raíz de jengibre fresco
— 1 limón
— 4 carrilleras de ternera hermosas
— Una pizca de curri
— Una pizca de cúrcuma
— 1 vaso de vino blanco
— 150 ml de caldo de carne
— 50 g de limón confitado
— 3 atados de espinacas frescas pequeñas
— 2 cucharadas soperas de mantequilla
— 1 manojo de cebolletas tiernas verdes
— 4 cucharadas soperas de AOVE
— Harina
— Sal y pimienta

Preparación

Pelar el jengibre y rallarlo.

También pelar el limón, sin llegar a la parte blanca, y exprimirlo.

Salpimentar las carrilleras y pasarlas ligeramente por harina.

En un puchero ancho y bajo, dorar las carrilleras con una pizca de aceite hasta que queden bien tostadas por todas sus caras.

Una vez doradas, bajar la intensidad de calor y espolvorear el curri y la cúrcuma, meneando.

Verter el vino blanco y el caldo, agregar el jengibre, el limón confitado picado, la piel de limón envuelta en una gasa y el zumo de limón.

En cuanto arranque de nuevo el hervor, cubrir el puchero y hornear sobre una bandeja durante 1 hora y media a 150 grados.

Dar dos vueltas a las carrilleras durante la cocción.

Probar la ternura de las carrilleras introduciendo el filo de un cuchillo y comprobando que estén tiernas.

Si ofrecen resistencia, continuar la cocción en el horno de 15 a 30 minutos más.

Acabado y presentación

Antes de servir, retirar la gasa con la piel de limón y rectificar la sazón.

Podemos servirlas tal cual o pasar la salsa a través de un paño fino o batirla en el vaso de un túrmix para que quede más delicada.

Como guarnición, saltear rápidamente en una sartén bien caliente las espinacas crudas lavadas con la mantequilla, hasta que se entreguen al fondo, sin pasarlas de punto.

Picar las cebolletas verdes tiernas en tiras al bies y espolvorearlas sobre el estofado.

Trucos

Sustituir el caldo de cocción por leche de coco sin azucarar si queremos darle al guiso un toque más exótico y cremoso.

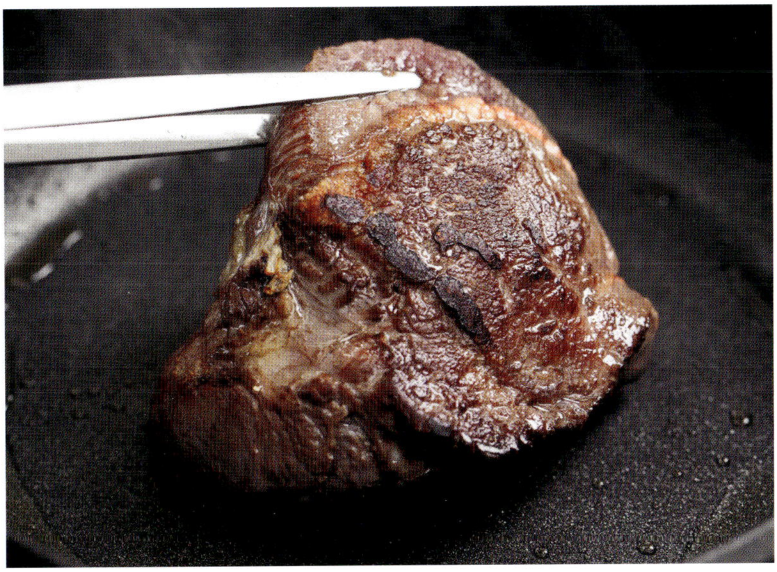

CHULETILLAS DE CORDERO ESPECIADAS CON DOS SALSAS

Ingredientes

Marinada:
- 2 cucharadas soperas de AOVE
- 1 cucharadita de café de aceite de sésamo
- Una pizca de pimentón de la Vera
- Zumo de 1 limón
- Una pizca de jengibre rallado
- 2 dientes de ajo picados

Salsa blanca:
- Un puñado de menta fresca
- 1 diente de ajo picado
- 1 yogur natural tipo griego
- Una pizca de comino
- Sal

Condimento verde:
- 1 yogur natural tipo griego
- Un puñado de menta fresca
- 40 g de pistachos tostados
- 1 cucharada sopera de AOVE
- Una pizca de zumo de limón
- Sal

Preparación

Para la marinada:

En un bol, mezclar todos los ingredientes. Salpimentar las chuletillas de cordero y pringarlas con la marinada, masajeando bien para que se empapen. Colocarlas en una bandeja bastante apretadas, cubrirlas con papel film y meterlas en la nevera un rato.

Para la salsa blanca:

Picar sobre un bol la menta muy menuda con una tijera. Añadir el resto de los ingredientes y rectificar la sazón.

Para el condimento verde:

En el vaso de una batidora de brazo, añadir los pistachos, el AOVE y el zumo de limón, accionando la máxima potencia. Ayudar con una pizca de agua. Cuando tenga apariencia de crema, incorporar la menta, el yogur y seguir batiendo hasta que se forme una especie de mojo, rectificando el sazonamiento.

Además:
— 24 chuletillas de palo de cordero lechal cortadas gruesas

Acabado y presentación

En una sartén antiadherente, unas brasas de parrilla o una plancha, dorar las chuletillas de cordero dejándolas bien jugosas en el punto que se desee, haciéndoles una buena costra. Conforme se van asando, regarlas con una pizca de la marinada para que se achicharre en el fuego, la carne quede más sabrosa y con un gusto muy particular.

Escurrirlas y servirlas acompañadas de la salsa blanca de yogur y el condimento verde.

Trucos

La misma receta hecha con conejo troceado o pollo troceado menudo y ensartado en brochetas queda estupenda. Podemos añadirle chile fresco a los aliños si queremos darle un punto más cañero.

CIVET *DE JABALÍ*

Ingredientes

Marinada:
- 1 kg de paletilla de jabalí deshuesada y en tacos grandes
- 1 cebolla troceada
- 1 zanahoria en rodajas
- 4 dientes de ajo laminados
- 100 ml de orujo blanco
- 2 cucharadas soperas de vinagre de Jerez
- 150 ml de vino tinto
- 100 ml de AOVE
- Sal

Preparación

Para la marinada:

Juntar en un bol todos los ingredientes con los tacos de jabalí y remover bien.

Cubrir y reservar en la nevera durante 3 horas para que la carne pille el gusto de los ingredientes.

Remover de vez en cuando.

Cuando haya pasado el tiempo de la marinada, escurrir el jabalí en un colador y guardar la verdura separada del jugo.

Repasar cada trozo de carne, quitando las verduras que puedan estar pegadas, y secar los pedazos con un paño.

Calentar un puchero hermoso con un chorro de AOVE a fuego medio e incorporar la tocineta en dados, para que funda y vaya coloreando ligeramente.

Escurrir los dados a un plato y en la grasa del fondo ir tostando de a pocos los pedazos de carne, para que sellen bien y no se recuezan.

Retirar el exceso de grasa y reunir de nuevo los pedazos en el fondo del puchero, añadiendo la verdura de la marinada y dejando que sofría bien y elimine el agua.

En el momento que aflore de nuevo la grasa, añadir la harina y remover, mojando con el vino tinto y dejando que hierva 5 minutos.

Entonces, añadir el jugo de la marinada, el caldo y guisar cubierto a fuego muy suave durante 3 horas aproximadamente.

En una sartén antiadherente, saltear los champis laminados con una pizca de sal y añadir al final los lardones de tocineta reservados, reservando el resultado.

Además:
— 50 ml de AOVE
— 100 g de tocineta ibérica en dados grandes
— 1 cucharada sopera de harina
— 150 ml de vino tinto
— 1,5 l de caldo de pollo
— 150 g de champiñón laminado

Acabado y presentación

Verificar la cocción. Estará listo cuando, presionando los tacos de jabalí, estos se rompan y se muestren tiernos.

Sacar de la cazuela los dados de carne y reducir la salsa hasta que tenga el punto y sabor deseados, espeso y sabroso; si nos gusta la salsa bien fina, podemos pasarla por el túrmix y colarla. Rectificarla de sazón.

Meter en la salsa rectificada y en su punto los dados de carne guisada y los champis salteados con la tocineta.

Trucos

Si la carne de caza nos resulta demasiado potente, se puede guisar de esta misma forma una buena espaldilla de vaca o unas carrilleras de ternera con un resultado sorprendente.

CONEJO GUISADO CON PICADA Y MORCILLA

Ingredientes

Marinada:
— 3 zanahorias en rodajas
— 2 ramas de apio troceadas
— 1 puerro en rodajas picado
— 3 cebolletas pequeñas picadas
— 6 dientes de ajo con su piel
— 1 ramillete aromático (tomillo, laurel, perejil y romero)
— 1 clavo de olor
— 6 bayas de enebro
— 2 l de vino tinto
— 100 ml de vino oloroso
— 3 cucharadas soperas de AOVE
— 2 conejos pequeños limpios y troceados en 8 pedazos cada uno
— 1 pastilla de caldo

Preparación

Para la marinada:

Sofreír en un puchero toda la verdura con el aceite, a fuego suave y sin que coja color, unos 15 minutos.

Agregar el ramillete de hierbas, las especias, añadir el vino tinto y, en cuanto arranque el hervor, dejar que enfríe a temperatura ambiente.

Una vez que pierda el calor, incorporar el oloroso y sumergir los pedazos de conejo, dejando que repose en la nevera por lo menos 12 horas.

Pasado el tiempo, escurrir la carne y secarla bien con papel de cocina, disponiendo por un lado la verdura y por otro el líquido colado.

En el fondo de un puchero ancho y bajo en el que quepa toda la carne sin amontonar, dorar los hígados de los conejos troceados, escurrirlos y añadirlos a un mortero.

En el mismo aceite, sofreír el conejo troceado, salpimentar y echar la verdura, dar unas vueltas y añadir la pastilla, dejando que poche unos 15 minutos. Añadir el vinagre, la marinada y guisar cubierto 1 hora o hasta que los pedazos de carne estén tiernos.

Además:
— Los 2 hígados de los conejos
— 2 galletas o un trozo pequeño de pan frito
— 150 g de morcilla de verdura o de arroz o la que nos guste
— 20 g de mantequilla
— Sal y pimienta negra

Acabado y presentación

Cuando queden 15 minutos para terminar la cocción, añadir los pedazos de morcilla sin la tripa. Añadir al mortero con los hígados las galletas o el pan y majar, convirtiendo la mezcla en una pasta que añadiremos sobre la cazuela. Entonces, sacar los pedazos de carne a una fuente, triturar la salsa, colarla devolviéndola a la cazuela y meter los pedazos de carne, dejando que hierva unos minutos para que se integre bien. Rectificar de sal y pimienta.

Por último, añadir la mantequilla y opcionalmente a gusto de cada uno rematar con unas gotas de vinagre viejo y unas gotas de brandy, que aromatizan el guiso formidablemente.

Trucos

La manera de saber si la carne está hecha es tocar las paletillas delanteras, apretando con los dedos: si no ofrecen resistencia, están en su punto.

ESCALOPE EMPANADO CON OLIVADA NEGRA

Ingredientes

Olivada:
— 400 g de aceitunas negras deshuesadas
— 1 diente de ajo
— 2 anchoas en aceite
— 1 cucharada sopera de alcaparras
— 1 cucharada sopera de AOVE
— Una pizca de zumo de limón

Escalopes:
— 4 filetes medianos de cadera de ternera de unos 180 g
— 200 g de harina
— 3 huevos
— 50 g de pan rallado
— 50 g de queso curado rallado
— 50 g de almendra molida o harina de almendras
— 50 g de paletilla ibérica picada
— Sal y abundante aceite de oliva para freír

Preparación

Para la olivada:

Podemos hacerla en el mortero o en una batidora, triturando el ajo con las aceitunas, las anchoas y las alcaparras y reduciéndolo a una pasta muy fina.

Al final, añadir el aceite y la pizca de zumo.

Podemos almacenarla en un tarro de cristal, cubierta con un poco de aceite para que no se oxide la superficie.

Para los escalopes:

Sazonar ligeramente la carne y, si queremos que quede bien fina, «espalmarla» sobre la tabla, entre dos hojas de papel film, golpeándola para que quede muy delgada.

Preparar el rebozado en tres bandejas o recipientes. En uno colocamos la harina, en el segundo los huevos batidos ligeramente y en el tercero la mezcla de pan rallado, queso rallado, almendra molida y la paletilla ibérica picada muy finamente.

Rebozar los filetes siempre siguiendo este orden: harina, huevo y la mezcla de pan rallado, queso rallado, almendra molida y paletilla.

Reservarlos en la nevera bien secos, que no se humedezcan.

Acabado y presentación

Calentar bien el aceite de oliva, pero sin llegar a que salga humo. Para comprobar que está caliente, echar una miga de pan y, cuando comience a dorarse, estará listo.

Sumergir los filetes empanados durante 30 segundos, solo para que el rebozado tome un buen color y la carne quede jugosa y sonrosada por dentro.

Escurrirla y servirla con la olivada a modo de aderezo.

Trucos

Queda más cómodo de comer si cortamos la carne en tiras o lágrimas y luego la empanamos. Así podemos empanar carne de lagarto ibérico, pollo, pavo o dados menudos de muslo de pollo deshuesados, sin piel.

HAMBURGUESA GITANA

Ingredientes

Hamburguesa:
— 600 g carne picada de vaca
— 200 g de cabezada de cerdo deshuesada y picada
— 200 g de tocineta de cerdo ibérico picada
— 1 huevo
— 20 ml de AOVE
— 1 cucharada sopera de perejil picado
— Sal y pimienta

Crema gitana:
— 225 g de cebolleta picada
— 225 g de tocineta de cerdo ibérico picada
— 100 ml de nata
— 150 g de queso emmental rallado
— 20 ml de vino blanco seco

Preparación

Para la hamburguesa:

Mezclar en un bol todas las carnes picadas.

Agregar el resto de los ingredientes y unir bien, amasando en el bol colocado sobre hielo para que la carne no suelte grasa y quede firme.

Rectificar la sazón y con las palmas de las manos hacer cinco o seis hamburguesas que posaremos sobre una bandeja.

Cubrirlas y meterlas en la nevera para que queden más firmes.

Para la crema gitana:

Sumergir la cebolla en agua con hielos durante 30 minutos, para que pierda el gusto a crudo y reblandezca ligeramente.

Escurrirla y apretar bien con las manos para que pierda toda el agua, empleando un trapo.

En una sartén bien caliente, dorar la tocineta a fuego suave, hasta que dore y escupa el exceso de grasa.

Escurrirla a través de un colador y mezclar los ingredientes en un bol en el siguiente orden: cebolleta, tocineta, nata, queso y por último el vino, teniendo cuidado de que no quede una crema muy líquida, que mantenga cuerpo.

Acabado:
— Hamburguesas
— Crema gitana
— 5-6 panes de hamburguesa abiertos en dos, tostados
— Hojas de rúcula
— AOVE y sal

Acabado y presentación

En una sartén bien caliente, dorar las hamburguesas 30 segundos por cada lado, si nos gustan rojas y calientes en su interior, o cocinarlas más, si las preferimos más hechas.

Colocarlas en una bandeja de horno y cubrir cada una de ellas con varias cucharadas de crema gitana, añadida con generosidad.

Meterlas en el horno con el grill bien caliente y tenerlas unos 2 minutos o hasta que veamos que gratinan ligeramente.

Entonces, colocarlas sobre los panecillos abiertos en dos y rematar con la rúcula aliñada con el AOVE y la sal en un bol.

Trucos

Para comprobar la sazón de la carne de hamburguesa, antes de formarlas, podemos pellizcar un poco y probarla cruda, si somos valientes, o meter ese pellizco en el microondas para rectificar la sazón a partir del cocinado.

LOMO DE CIERVO ASADO CON ALCACHOFAS, HONGOS A LA CREMA E HIGOS

Ingredientes

Marinado del lomo de ciervo:
- 1 lomo de ciervo de 800 g
- 100 g de cebolla en tiras
- 40 g de champiñón laminado
- 50 g de zanahoria en rodajas
- 4 dientes de ajo enteros aplastados
- 100 ml de orujo blanco
- 50 ml de AOVE

Salsa de ciervo:
- 2 kg de huesos y falda de ciervo en pedazos pequeños
- La verdura de la marinada
- 1 cucharadita de harina
- 200 ml de vinagre de Jerez
- 400 ml de vino tinto
- 2 l de caldo de pollo
- 50 ml de AOVE
- Sal

Alcachofas y hongos a la crema:
- 75 ml de nata
- 150 ml de caldo de pollo
- 6 alcachofas de conserva de calidad, cocidas al natural y partidas en cuartos
- 150 g de hongos en láminas salteados
- 1 cucharada sopera de perejil picado

Preparación

Para el marinado del lomo de ciervo:

Juntar todos los ingredientes en un bol, manosear bien el lomo de carne para que se impregne de los aderezos y cubrir con papel film, dejando que repose por lo menos 6 horas.

Pasadas, escurrir la carne, secarla, mantenerla bien cubierta en la nevera y reservar la marinada.

Para la salsa de ciervo:

En una cazuela caliente, colocar el aceite de oliva e ir dorando poco a poco los huesos y los pedazos de falda. Doramos en poca cantidad, retiramos a un plato, doramos más y así sucesivamente hasta terminar con todo bien coloreado.

A continuación, en ese mismo fondo graso, sofreír la verdura de la marinada, dejando que poche durante 15 minutos, hasta que veamos que pierde la humedad y empieza a aflorar de nuevo la grasa.

Incorporar el ciervo coloreado y la harina, dando unas vueltas para que pierda el gusto a crudo, unos 4 minutos. Entonces, añadir el vinagre de Jerez y dejar que hierva hasta que evapore por completo.

Añadir el vino, dejar reducir de nuevo casi a seco e incorporar el caldo, dejando que hierva unos 25 minutos.

Filtrar el jugo a través de un colador y reducirlo a fuego suave hasta que coja punto de salsa con cuerpo y sabrosa.

Rectificar la sazón.

Para las alcachofas y hongos a la crema:

Poner en un cazo la nata y el caldo, y dejar que reduzca lentamente al fuego hasta que tome forma de salsa.

Añadir las alcachofas y los hongos, y terminarlo con la mantequilla, el perejil, el zumo y un punto de sal.

— 1 cucharada sopera de zumo de limón
— Una nuez de mantequilla
— Sal

Acabado:
— El lomo de ciervo escurrido
— 1 cucharada sopera de AOVE
— 50 g de mantequilla
— Salsa de ciervo
— Alcachofas y hongos a la crema
— 12 higos pequeños en almíbar, escurridos y partidos en dos

Acabado y presentación

En una sartén caliente con una pizca de aceite y la mantequilla, soasar a fuego suave el lomo de ciervo, regándolo con la grasa por su panza, con ayuda de una cuchara.

Hay que conseguir que la mantequilla espume y el fondo graso burbujee y se ponga apetitoso.

El punto de la carne se lo damos cocinando más o menos la pieza y el tacto nos dirá si está más o menos hecha. Si al apretar el lomo está tierno, es que está roja en su interior. Para que quede más cocinado, conviene tenerlo al fuego hasta que, al tocarlo, veamos que la pieza ofrece mayor resistencia y tiene tacto más duro.

Escurrirla y dejarla reposar 5 minutos antes de trincharla en escalopes gruesos.

Guarnecerla con el guiso de alcachofas y hongos y la salsa, con los higos partidos en dos para que empapen.

Trucos

El almíbar de los higos sumergidos en la salsa de ciervo le dará a la salsa un brillo especial. Podemos añadirle también al final unas gotas de brandy para perfumarla aún más.

MOLLEJAS DE PATO CONFITADAS Y PUERROS ASADOS

Ingredientes

Vinagreta:
- 100 g de praliné de avellanas
- 40 ml de vinagre de Jerez
- 50 ml de AOVE
- Sal y pimienta molida

Salsa diabla:
- 90 g de chalotas picadas
- 45 ml de vino blanco
- 45 ml de vinagre de vino tinto
- 1 cucharada sopera de mostaza
- 270 ml de caldo de pollo
- Sal y pimienta molida
- AOVE

Puerros asados:
- 6 blancos de puerro
- 80 g de mantequilla
- 30 g de avellanas peladas y tostadas
- Sal y pimienta

Preparación

Para la vinagreta:

Mezclar todos los ingredientes en el vaso de una batidora y rectificar la sazón, dejando una vinagreta bien viva de sabor.

Para la salsa diabla:

Dorar las chalotas con un poco de aceite de oliva, agregar el vino y reducir hasta que esté casi seco.

Agregar el vinagre y una pizca de pimienta.

Añadir el caldo, reducir a la mitad y terminar agregando una cucharada sopera de mostaza.

Rectificar el sazonamiento y enfriar.

Para los puerros asados:

Hervir los puerros a fuego suave en abundante agua salada. Una vez tiernos, que se puedan pinchar con el filo de un cuchillo que entre con facilidad, sumergirlos en un baño de agua helada y escurrirlos en un paño.

Fundir la mantequilla en una sartén a fuego medio y, cuando veamos que empieza a tostarse ligeramente y a desprender un olor a frutos secos, meter los puerros escurridos y soasarlos hasta que doren ligeramente y pillen todo el gusto de la mantequilla.

Salpimentarlos, rociarlos con la vinagreta y espolvorearlos con las avellanas tostadas.

Mollejas de pato:
— 12 mollejas de pato confitadas, escurridas

Acabado y presentación

Para las mollejas de pato:

Ensartar las mollejas abiertas en brochetas y dorarlas en una sartén antiadherente con su propia grasa, hasta que doren ligeramente.

Servirlas con la salsa diabla y los puerros tostados con las avellanas. Rociar el conjunto con una pizca más de vinagreta.

Trucos

Las mollejas vienen confitadas y sumergidas en grasa, así que antes de abrir el envase para extraerlas es recomendable colocarlas en un baño maría o darles un golpe en el microondas para pescarlas con facilidad.

MOLLEJAS DE TERNERA SOASADAS CON PUERROS BARBACOA

Ingredientes

Mollejas de ternera:
- 800 g de mollejas de ternera

Salsa barbacoa:
- 225 g de tocineta ahumada picada
- 200 g de cebolleta picada
- 0,5 l de jugo de ave o de carne
- Una pizca de salsa Tabasco
- 250 ml de kétchup
- 190 g de miel
- Zumo de 1 naranja
- Zumo de medio limón
- Ralladura de media naranja
- Ralladura de medio limón
- 4 dientes de ajo picados
- 100 g de nueces picadas
- Sal

Puerros salteados:
- 2 manojos de puerros tiernos
- Salsa barbacoa

Preparación

Para las mollejas de ternera:

Colocar en un recipiente abundante agua fría y muchos hielos y sumergir allí las mollejas durante 2 horas para que se desangren y blanqueen.

Pasado este tiempo, blanquear las mollejas en un cazo a partir de agua fría, cuando surja el primer hervor, escurrirlas y refrescarlas en otro baño de agua fría con hielos.

Quitar con cuidado las pieles y el exceso de grasa que puedan tener, con ayuda de una puntilla. Poner entre dos trapos para que pierdan el exceso de humedad y guardarlas en el frigorífico.

Para la salsa barbacoa:

En una sartén o cazo, sofreír la tocineta para que pierda la grasa a fuego suave.

Añadir la cebolleta y colorearla ligeramente durante 10 minutos, y agregar el jugo de ave, la salsa Tabasco, el kétchup, la miel, el zumo y la ralladura de naranja y limón.

Hervir dulcemente durante 10 minutos aproximadamente.

Entonces incorporar el ajo y hervir 5 minutos más o hasta que adquiera densidad.

Por último, añadir las nueces, rectificar la sazón y reservar.

Sale mucha cantidad, pero esta salsa es muy sabrosa para comerla en otras elaboraciones, carnes asadas, a la parrilla o en bocadillos.

Para los puerros salteados:

Escaldar los puerros a partir de agua hirviendo durante 2 minutos y cortar la cocción en un baño de agua con hielos. Escurrirlos y secarlos bien.

Calentar una sartén antiadherente y darles un golpe de calor para dorarlos ligeramente, pincelándolos con la salsa barbacoa para que brillen y cojan gusto dulzón.

Reservarlos.

Acabado:
— Las mollejas blanqueadas
— 50 g de mantequilla
— 2 cucharadas soperas de vermú blanco
— Sal y pimienta

Acabado y presentación

En una sartén antiadherente, fundir la mitad de la mantequilla y dejar que coja un poco de color, añadiendo las mollejas blanqueadas y salpimentadas, partidas en dos o tres pedazos.

Permitir que se vayan coloreando, sin parar de regarlas con la grasa con ayuda de una cuchara, volteándolas para que vayan tostándose por todas sus caras.

Añadir el resto de la mantequilla y seguir con el cocinado, dejando que se les infiltre el calor para que se hagan por dentro, sin que se sequen.

El tiempo total de asado será de unos 20 minutos.

Al final, añadir el vermú y esperar a que vapore ligeramente, formando un jugo sabroso en el fondo.

Escurrir las mollejas sobre una tabla y dejarlas reposar unos minutos antes de trincharlas en tacos.

Colocarlas en el plato con un poco del jugo graso de asado y unos puerros tibios, rociando con unas gotas de salsa barbacoa.

Trucos

La misma receta podemos hacerla con mollejas más pequeñas de cordero o con mollejas confitadas de pato, ajustando el tiempo de cocción al tamaño de las vísceras.

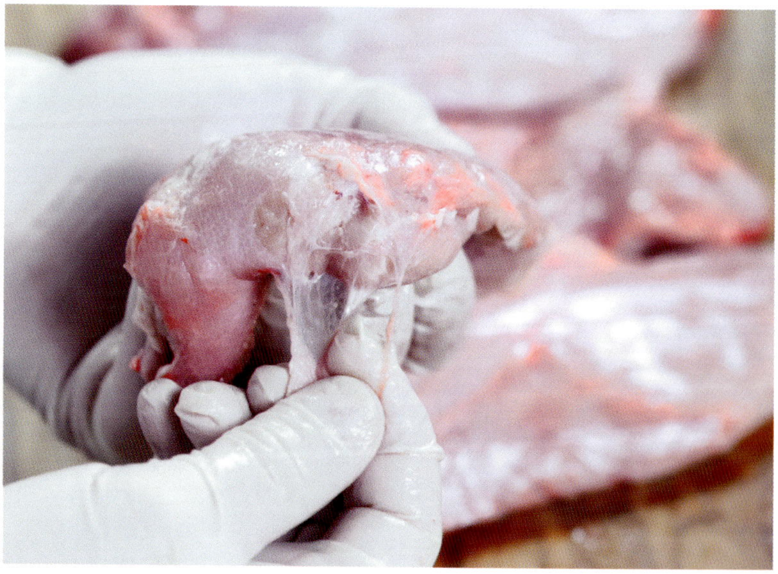

PALETILLA DE CORDERO «A LAS 9 HORAS», PATATAS Y ESPÁRRAGOS BLANCOS

Ingredientes

Paletillas:
- 2 paletillas de cordero lechal
- 2 cucharadas soperas de pimentón de la Vera
- 1 cucharada sopera de sal gruesa
- Medio manojo de tomillo
- 8 dientes de ajo con su piel
- 100 g de mantequilla

Patatas y espárragos a la crema:
- 1 l de leche
- 1 ramita de romero
- 500 g de patatas nuevas pequeñas con piel, en gajos
- 50 g de mantequilla
- 30 g de queso idiazabal ahumado
- 1 manojo de espárragos blancos
- Sal

Preparación

Para las paletillas:

Frotar las paletillas con el pimentón y la sal gruesa, recostarlas en una fuente honda y apretada con el tomillo y los dientes de ajo.

Repartir por encima la mantequilla, cerrar con papel de aluminio y hornear 9 horas a 100 grados.

Para las patatas y espárragos a la crema:

Colocar la leche en un puchero ancho y bajo con el romero, hervir suavemente unos minutos y bajar el fuego al mínimo, introduciendo las patatas, la mantequilla y el queso.

Que hierva a fuego muy suave para que queden tiernas, unos 25 minutos, sazonando ligeramente.

Pelar los espárragos a partir de las yemas.

Quitar el extremo que esté duro y descartarlo.

Partir cada espárrago en tres o cuatro pedazos y sumergirlos en las patatas cuando falten 10 minutos para que estén listas.

Comprobar que los espárragos queden ligeramente firmes y crocantes y que las patatas estén bien tiernas.

Rectificar la sazón y reservar.

Acabado y presentación

Las paletillas se deshuesan con la mirada; al retirarles el hueso y deshilacharlas con un tenedor, se soltarán fácilmente.

Dentro de unos aros, formar una especie de discos con la carne, apretando bien y refrigerándolos para que endurezcan.

Para servirlos, planchearlos desmoldados por sus dos caras en una sartén antiadherente con una gota de aceite para que hagan costra y acompañarlos con la guarnición de patatas y espárragos.

Trucos

Esta misma receta se puede elaborar con paletillas de conejo confitadas y queda estupenda.

PICADILLO PARMENTIER DE RABO DE TERNERA AL VINO TINTO

Ingredientes

- — 2 rabos de ternera
- — 100 g de panceta ibérica en lardones
- — Una pizca de harina
- — 1 botella de vino tinto
- — 2 cebolletas en tiras
- — 1 zanahoria grande en rodajas
- — 1 rama de apio picada
- — 1 blanco de puerro grande
- — 4 dientes de ajo con piel
- — 1 ramillete aromático (laurel, romero, verde de puerro y salvia)
- — 1 clavo de olor
- — 50 ml de brandy
- — 150 ml de salsa de tomate
- — AOVE
- — Sal y pimienta

Preparación

En un bol amplio, marinar la carne sumergiéndola con el vino, las verduras, el ramillete y el clavo. Tapar y dejar en la nevera al menos una noche. Pasado ese tiempo, escurrir la carne, secarla bien y dejar por un lado la verdura y por otro el jugo, que pondremos a hervir suavemente.

Salpimentar los pedazos de carne, pasarlos ligeramente por harina y en el fondo de una cazuela amplia dorarlos en aceite, a fuego moderado para que no se arrebaten. Escurrirlos cuando estén listos y eliminar la grasa del fondo. Añadir una pizca de aceite nuevo y los lardones, dejando que se fundan a fuego suave unos minutos. Entonces, añadir todas las verduras escurridas y sofreírlas 20 minutos. Añadir el tomate, menear, meter de nuevo la carne dorada, dar unas vueltas, regar con el brandy y dejar que se evapore. Mojar con el jugo caliente de la marinada y cubrir con agua hasta el ras de la carne. Arrancar el hervor, rectificar la sazón y cubrir con la tapa, dejando que el rabo se estofe hasta que esté tierno, le harán falta unas 2 horas aproximadamente. Ir mirando trozo por trozo, porque no se hacen nunca todos a la vez. Escurrirlos conforme están hechos.

Además:
- 800 g de patatas peladas
- 50 ml de leche
- 100 ml de nata líquida
- 80 g de mantequilla
- Sal

Acabado y presentación

Una vez que esté toda la carne guisada, filtrar la salsa y apretar bien en el colador para aprovechar el jugo, poniéndolo a hervir suavemente para que reduzca, espese y concentre el sabor. Mientras, habremos deshuesado toda la carne del rabo, que en el último momento añadiremos a la salsa en hebras, dando unas vueltas y rectificando de sazón, añadiendo pimienta generosamente.

Volcar este guiso en el fondo de una fuente que pueda ir al horno.

Hacer el puré. Cubrir las patatas troceadas con agua y un pellizco de sal, y arrimar a fuego suave durante 25 minutos o hasta que estén tiernas. Escurrirlas, pasarlas a través de un pasapurés a la misma cazuela y añadirle poco a poco la leche y la nata hervidas y la mantequilla fría en dados, sin dejar de remover con una espátula. Rectificar la sazón.

Cubrir la carne de la fuente con este puré y meterlo en el horno bajo el grill para que se dore bien la superficie.

Trucos

En plan festivo, se pueden colocar sobre la carne guisada unos 150 g de terrina de foie gras en dados hermosos, antes de cubrir la carne con el puré para gratinar.

PIERNA DE CORDERO CON POCHAS

Ingredientes

Jarretes de cordero:

- 2 jarretes de cordero de 1,5-2 kg aproximadamente
- 8 dientes de ajo pelados
- 1 ramita de tomillo fresco
- Sal

Alubias pochas:

- 400 g de pochas o alubias tiernas
- 2 cucharadas soperas de AOVE
- 2 dientes de ajo con piel
- Medio tomate
- Una punta de pimiento verde
- Sal

Preparación

Para los jarretes de cordero:

Partir en cuñas los 8 dientes de ajo y con ayuda de un cuchillo hacer pequeñas incisiones en los jarretes de cordero e introducir las cuñas de ajo por toda la carne.

Espolvorearlos generosamente con sal, recostarlos sobre una bandeja con un dedo de agua y asarlos a 160 grados durante 45 minutos, sin dejarlos de regar con el jugo.

Darles la vuelta, subir la temperatura a 180 grados y tenerlos 25 minutos más, regándolos. Los últimos 15 minutos no rociarlos con jugo para que hagan una costra bien dorada y añadir en el fondo la ramita de tomillo para que perfume el asado.

Para las alubias pochas:

Cubrir las alubias tiernas con agua, tres dedos por encima, y arrimarlas a fuego muy suave añadiendo el aceite, los ajos, el tomate, el pimiento y la sal.

Hasta que arranque el hervor deben pasar unos 15 minutos. A partir de entonces vigilar que la cocción sea imperceptible y tenerlas hasta que estén tiernas, unos 25 minutos más.

Dejarlas reposar y que queden caldosas, si es necesario añadir un poco más de agua y que no hiervan nunca a fuego fuerte.

Acabado:
— 1 cucharada sopera de mantequilla
— 1 cucharada sopera de perejil picado

Acabado y presentación

Escurrir las pochas con un colador, reservando el jugo y las verduras para hacer sopas o cremas.

Fundir la mantequilla en una sartén antiadherente y añadir las pochas escurridas, dándoles unas vueltas para que absorban el sabor y brillen, añadiendo el perejil.

Servir el cordero asado con las pochas.

Trucos

Es muy importante que el asado nunca lo hagamos con el fondo de la bandeja seco, siempre tiene que haber humedad, añadiendo agua o vino para que quede jugoso y resulte una salsa apetecible.

POLLO AL CAVA CON MORILLAS

Ingredientes

— 8 contramuslos de pollo
— 400 g de colmenillas frescas
— 300 ml de cava
— 3 chalotas medianas
— 500 ml de nata
— 3 yemas de huevo
— AOVE
— Una nuez de mantequilla
— Sal y pimienta

Preparación

El día anterior, limpiar y salpimentar los trozos de pollo, porque así la sal tendrá tiempo de penetrar durante la noche, para cambiar la estructura proteica de la carne y mantenerla mucho más jugosa durante la cocción.

Limpiar las morillas con la ayuda de un cepillo o similar (evitar limpiar en agua ya que al cocinar soltará vapor y perderán gusto.) De todas formas, si es irremediable porque las setas van cargadas de arena, pasarlas ligeramente por el grifo si fuera necesario.

Calentar una *cocotte* u olla baja y ancha con tapa. En cuanto esté bien caliente, agregar un hilo de aceite de oliva, colocar los contramuslos con la piel hacia abajo y dejar que se sofrían bien durante 10 minutos a fuego medio, dándoles la vuelta con frecuencia. Cuando estén bien dorados, retirarlos a un plato.

En la misma *cocotte*, agregar una nuez de mantequilla, añadir las chalotas picadas y sofreírlas durante 5 minutos a fuego lento sin dejar de menearlas, para que recojan el jugo de pollo adherido al fondo y se ablanden.

Entonces, incorporar las colmenillas y rehogarlas 5 minutos más para que pillen sabor.

Acabado y presentación

Acomodar en el fondo los trozos de pollo sofritos con la piel hacia arriba, avivar el fuego y verter el cava, dejando que reduzca a un tercio de su volumen.

En ese momento, incorporar la nata (reservando en un vaso unas 8 cucharadas) y guisar el pollo con la tapa entreabierta durante 20 minutos más.

Pasado ese tiempo, descubrirla, rectificar la sazón y justo antes de servirla rociar en hilo fuera del fuego las tres yemas de huevo batidas en el vaso con la nata restante, meneando en vaivén para que la salsa quede untuosa y apetecible.

Si la salsa queda demasiado gruesa, aligerarla con un golpe de caldo o de agua caliente.

Trucos

Si empleamos colmenillas secas, conviene rehidratarlas en agua y emplear el caldo de remojo reducido al fuego para que concentre sabor en la confección de la salsa. También podemos deshuesar los contramuslos y estofarlos limpios, aunque resultan más jugosos y sabrosos si se guisan con hueso.

PRESA IBÉRICA, APIONABO Y FRAMBUESAS

Ingredientes

Pickle de apionabo:
- 2 apionabos
- 170 ml de agua
- 70 g de azúcar
- 120 g de vinagre de sidra

Apionabo asado:
- Recortes del apionabo
- Un chorro de aceite de oliva
- Una nuez de mantequilla
- AOVE y sal

Puré de apionabo:
- 300 g de recortes de apionabo
- 400 ml de leche
- 80 g de mantequilla
- Sal

Presa ibérica:
- 350 g de presa ibérica
- Una nuez de mantequilla
- 1 diente de ajo
- Sal

Preparación

Para el *pickle* de apionabo:

Pelar el apionabo, cuadrarlo con un cuchillo y hacer finas rodajas translúcidas con ayuda de un cuchillo o una mandolina. Conservar los recortes. Calcular 10 o 12 rodajas por persona.

Preparar una salmuera poniendo a fuego lento el azúcar, el agua y el vinagre. En cuanto hierva, verterla sobre las rodajas crudas de apionabo colocadas en una bandeja y controlar que no se peguen unas con otras para que les entre el calor homogéneamente.

Para el apionabo asado:

Tomar los recortes del apionabo, y cortarlos en rodajas gruesas de forma homogénea, lo más bonitas posible.

Saltearlos en una sartén con sal y AOVE a fuego suave para que se cocinen y tomen un aspecto delicioso.

Al final, añadir la mantequilla para que espume y la verdura quede aún más apetitosa.

Para el puré de apionabo:

Cortar los recortes de apionabo en dados gruesos y meterlos en una cazuela, cubiertos con la leche. Sazonar ligeramente y arrimar a fuego suave hasta que cueza y podamos atravesar los pedazos con el filo de un cuchillo

Escurrirlo y meterlo en el vaso de una batidora accionando la máxima potencia, añadiendo los pedazos de mantequilla de a poco y una pizca de la leche de cocción, hasta lograr una crema untuosa.

Rectificar la sazón y reservar.

Para la presa ibérica:

Cortar un trozo de 150 g de presa y el resto de la carne picarla para condimentarla en tartar, reservándola en un bol.

En una sartén a fuego medio con la mantequilla y el ajo partido en dos, dorar cuidadosamente la presa para que esté bien rosada en su interior. Dejar que la mantequilla espume y rociar con ella la pieza de carne.

Dejarla reposar unos minutos para que se concentren los jugos en su interior y machacar con las púas de un tenedor el ajo asado de la cocción, para añadírselo al tartar.

Tartar de presa:
— La carne picada de la presa
— 6 frambuesas
— 1 lima verde
— 1 cucharada sopera de aceite de sésamo
— 1 cucharada sopera de mostaza
— 2 yemas de huevo
— 2 cucharadas soperas de cebollino picado
— Sal y pimienta

Para el tartar de presa:

Sobre la carne desmenuzada, añadir las frambuesas rotas con las manos, la pulpa de ajo asado de cocinar la presa, una pizca de ralladura de lima, unas gotas de zumo y el resto de los ingredientes, removiendo con una cuchara para integrarlos perfectamente.

Rectificar el sazonamiento.

Acabado y presentación

Servir la presa con los demás elementos colocados en el plato, los *pickles*, el apionabo asado, el puré y el tartar.

Rociar con un hilo de AOVE.

Trucos

Podemos darle a la carne un toque más invernal marinándola unas horas antes de asarse con una pizca de vino tinto, hierbas aromáticas, una gota de vinagre y bayas de enebro, anís estrellado y un tiento de pimentón de la Vera agridulce.

SOLOMILLO DE VACA ASADO, CREMA DE RÚCULA, PURÉ DE APIONABO Y SETAS

Ingredientes

Puré de apionabo:
— 500 g de apionabo
— 500 ml de leche
— 100 ml de nata
— 100 g de mantequilla
— Sal

Crema de rúcula:
— 150 g de cebolleta en tiras
— 1 cucharada sopera de mantequilla
— 200 ml de caldo de ave
— 200 g de rúcula

Salsa Périgueux:
— 35 g de mantequilla
— 25 g de chalota
— 50 g de trufa picada
— 40 ml de oporto
— 350 ml de jugo de carne reducido, brillante y con sabor
— 50 g de puré de foie gras *mi-cuit*
— Sal y pimienta

Preparación

Para el puré de apionabo:

Pelar el apionabo y cortarlo en trozos gruesos de unos 3 × 3 cm.

Cocinar los dados en la leche a fuego medio hasta que estén blandos, aproximadamente 20 minutos.

Escurrirlos cuando estén tiernos, meterlos en el vaso de una batidora y pasar la mezcla a través de un colador fino a un pequeño cazo.

Menear la mezcla con unas varillas e incorporarle la nata recién hervida y la mantequilla fría en dados, poco a poco.

Rectificar la sazón.

Para la crema de rúcula:

En un puchero, sofreír la cebolleta con la mantequilla durante 10 minutos, para que se ablande sin que coja color.

Mojar con el caldo de ave y hervir durante 15 minutos a fuego lento.

Incorporar la rúcula blanqueada aparte y enfriada en agua con hielo, bien escurrida, dando unas vueltas.

Meter la mezcla en el vaso de una batidora y accionar a máxima potencia, rectificando el sazonamiento.

Para la salsa Périgueux:

Rehogar en 20 g de mantequilla la chalota y en cuanto esté pochada añadir la trufa negra, desglasando a fuego suave con el oporto.

Cuando el fondo quede seco, añadir el jugo de carne y reducir a un tercio de su volumen.

Una vez reducido, incorporar el foie gras y la mantequilla restante, batiendo bien con un túrmix o unas varillas para ligar la salsa.

Salpimentar.

Setas salteadas:
— 200 g de setas variadas
— 2 cucharadas soperas de caldo de ave
— AOVE
— Sal

Para las setas salteadas:

Limpiar las setas con un paño y un pincel. Si tuvieran exceso de tierra y fuera necesario, lavarlas.

Saltearlas con un poco de aceite de oliva, salpimentarlas y al final añadir el caldo, dejando que se reduzca al fuego para que las setas adquieran brillo y sabor.

Rectificarlas de sazonamiento.

Solomillo:
— 4 solomillos de vaca de 180 g cada uno
— AOVE
— Una pizca de mantequilla
— Sal y pimienta

Para el solomillo:

Mantener los filetes de solomillo fuera de la nevera un par de horas para que pierdan el frío.

En una sartén antiadherente con una pizca de aceite, dorarlos por sus dos caras, dejándolos en el punto deseado, más o menos hechos.

A mitad de cocción, añadir la nuez de mantequilla para que espume y se tueste, rociando la carne con la grasa, ayudados de una cuchara.

Salpimentarla fuera del fuego y trincharla antes de servirla con el puré, la crema de rúcula, las setas y la salsa caliente.

Trucos

La crema de rúcula sale estupenda también sustituyendo los brotes verdes de rúcula por cogollos tiernos de lechuga o cogollos tipo Tudela.

SOLOMILLOS DE PATO ESPECIADOS CON MANZANAS Y CIRUELAS

Ingredientes

Solomillos:
— 20 solomillos frescos de pato
— Media hoja de laurel
— 1 ramita de tomillo
— 1 ramita de romero
— Un pellizco de pimentón de la Vera
— 1 cucharada sopera de AOVE

Salsa:
— 1 clavo de olor
— 5 granos de pimienta negra
— 2 pistilos de azafrán
— 3 granos de café
— 6 naranjas grandes
— 1 cucharada sopera generosa de miel
— 500 ml de vinagre de Jerez
— 300 ml de jugo de asado o salsa de carne o de resto de un guiso
— Sal

Guarnición:
— 100 g de panceta ibérica adobada en lardones
— 2 manzanas verdes
— 8 ciruelas pasas deshuesadas
— 50 ml de vinagre balsámico
— Una nuez de mantequilla
— Puntas de menta fresca
— Pimienta molida

Preparación

Para los solomillos:

Colocar los solomillos en un bol y rociarlos en el aceite y el resto de los elementos, laurel, tomillo, romero y pimentón. Cubrir con papel film y dejarlo en la nevera unas horas para que coja gusto.

Para la salsa:

En un mortero, majar el clavo, la pimienta, el azafrán y el café. Con un pelapatatas, sacar la piel de las naranjas sin nada de blanco, que quede la cáscara muy translúcida. Exprimir las naranjas. En un puchero, colocar la miel con las especias molidas y arrimar a fuego suave hasta que empiece a burbujear y a coger un poco de color. Añadir las cáscaras, que den unas vueltas, y agregar el vinagre, dejando que reduzca un rato hasta que evapore hasta un tercio de su volumen.

Mojar con el jugo de asado y mantener para que se integre bien. Colarlo y rectificar la sazón.

Para la guarnición:

Poner a remojo en agua caliente las ciruelas durante media hora, cubriéndolas lo justo. Escurrirlas y reservar el agua de remojo.

Pelar las manzanas y cortarlas en gajos, eliminando las durezas del corazón y las simientes.

Fundir la mantequilla en una sartén y cuando burbujee colocar las manzanas, dejando que vayan cocinándose y chupando la grasa, poco a poco.

Añadir los lardones y permitir que fundan y la manzana vaya adquiriendo color.

Añadir el agua de remojo de las ciruelas y el vinagre, subiendo a fuego vivo para que se vaya concentrando el sabor. Por último, incorporar las ciruelas partidas en mitades y agregar pimienta generosamente y unas hojas tiernas de menta para que aromaticen.

Acabado y presentación

En una sartén antiadherente con una gota de aceite, dorar los solomillos de pato vuelta y vuelta, bien tostados, sin que se sequen. Salpimentarlos.

Escurrirlos y servirlos con la guarnición y la salsa.

Trucos

Cuidado al dorar los solomillos adobados con el pimentón porque puede quemarse fácilmente, una forma de controlar es hacerlo con mantequilla, rociándolos con su jugo.

TATAKI *DE SOLOMILLO*

Ingredientes

Marinada:
- 110 ml de salsa de soja
- 55 ml de *mirin*
- 55 ml de vinagre de sidra
- 30 ml de aceite de sésamo
- Zumo de 1 lima
- 5 g de jengibre rallado

Tataki:
- 1 pieza de solomillo de ternera de 600 g aproximadamente
- Una pizca de AOVE

Acompañamiento:
- Un cuarto de apionabo
- 6 puerros jóvenes
- Una pizca de AOVE
- 6 ciruelas
- 1 cucharada sopera de azúcar
- 2 cucharadas soperas de vinagre de sidra
- Sal

Preparación

Para la marinada:

Mezclar todos los ingredientes y guardar en la nevera.

Para el *tataki*:

Cortar el solomillo en dos en sentido longitudinal.

Calentar un chorro de aceite en una sartén a fuego fuerte y dorar los dos pedazos de solomillo por todas sus caras hasta que tueste bien, debiendo quedar crudo en su interior.

Entonces, sumergir la carne en la marinada fría y tenerla en la nevera durante 24/48 horas, removiéndola de vez en cuando para que empape bien.

Para el acompañamiento:

Precalentar el horno a 200 grados.

Pelar el apionabo y cortarlo en finas rodajas estilo patatas fritas chips. Colocarlas en una bandeja de horno pringadas con un chorrito de aceite de oliva, espolvorear con sal y hornear entre 30 y 40 minutos o hasta que queden bien doradas.

Cortar el puerro en bastones largos del tamaño de un dedo y abrirlos en dos, soltando todas las capas.

Quitar el hueso de las ciruelas y cortar en cuartos, dorando los gajos a fuego vivo con los puerros y una pizca de aceite en una sartén, por espacio de 2-3 minutos. Espolvorearlos con una pizca de azúcar y dejar que caramelicen, añadiendo el vinagre.

Reservarlos.

Acabado y presentación

Escurrir el solomillo de la marinada y secarlo con un trapo. Sobre una tabla, rebanarlo con un cuchillo afilado en lonchas del grosor que prefiramos, es mejor si son finas.

Colocarlas sobre un plato, rociarlas con una pizca del jugo de la marinada y guarnecerlas con las verduras y las ciruelas.

Trucos

El *mirin* podemos sustituirlo por un vinagre dulce suave y el solomillo de ternera por uno de cerdo ibérico. Si empleamos este último, no es necesario cortarlo longitudinalmente, se puede dejar entero.

POSTRES

BIZCOCHITOS CREMOSOS DE CHOCOLATE

Ingredientes

- — 150 g de chocolate negro al 70 por ciento
- — 160 g de mantequilla
- — 150 g de huevos
- — 125 g de azúcar
- — 90 g de harina
- — 10 monedas o pastillas u onzas de chocolate

Preparación

Fundir el chocolate y la mantequilla a 45 grados, en un baño maría

Paralelamente, batir los huevos junto con el azúcar hasta que queden cremosos.

Incorporar la mezcla de chocolate y mantequilla dentro de la mezcla de huevos, juntando bien con una lengua de goma.

Agregar la harina tamizada en tres veces, incorporándola con movimientos envolventes.

Acabado y presentación

Encamisar con papel de cocina sulfurizado, o untando con mantequilla y espolvoreando con harina, unos moldes circulares de 5 cm de diámetro y 4,5 cm de altura.

Con ayuda de una cuchara, colocar 40 g aproximados de masa en cada molde, insertando una onza de chocolate en la mitad, cubriendo con 20 g más de masa.

Hornear los bizcochitos en el horno a 180 grados durante 15-20 minutos aproximadamente.

Trucos

En vez de una onza de chocolate, podemos meter en el interior del bizcocho, antes de hornear, frutas como una fresa, un gajo de melocotón o un par de frambuesas.

BIZCOCHO DE ALMENDRA Y AVELLANAS «ANE»

Ingredientes

— 380 g de huevos
— 320 g de azúcar
— 5 g de sal
— 50 g de praliné de avellanas
— 60 g de harina de almendras
— 320 g de harina tamizada
— 7 g de levadura en polvo
— 240 ml de nata liquida
— 70 g de mantequilla fundida
— 180 g de avellanas peladas, tostadas y molidas finas

Además:
— Mantequilla para untar los moldes y harina para espolvorear los moldes
— 2 cucharadas soperas de mantequilla derretida
— Azúcar en polvo

Preparación

Montar con unas varillas los huevos, el azúcar y la sal.

En cuanto tengamos una mezcla esponjosa, incorporar el praliné de avellanas e integrarlo bien.

Entonces, ir añadiendo el resto de los ingredientes: harina de almendras, harina, levadura y, por último, la nata.

Al final, añadir la mantequilla fundida, mezclar bien e incorporar las avellanas tostadas.

Rellenar un molde tipo *plum cake*, previamente untado con mantequilla y espolvoreado con harina.

Derramar por encima una pizca más de mantequilla derretida y dejar reposar toda la noche los moldes bien cubiertos en la nevera.

Acabado y presentación

Hornear a 180 grados durante 15 minutos, luego a 140 grados durante 35 minutos aproximadamente.

Retirar del horno y enfriar antes de desmoldar. Una vez desmoldados, espolvorearlos con azúcar en polvo.

Trucos

La misma receta puede hacerse con otro tipo de fruto seco, como nueces o pistachos, utilizándolos en forma de harina, molidos y tostados.

BIZCOCHO ORIA

Ingredientes

— 6 huevos
— 320 g de azúcar
— Una pizca de sal
— 320 g de mantequilla
— 320 g de harina
— 40 g de azúcar
— 1 cucharada sopera de brandy

Preparación

Cascar los huevos y separar las claras de las yemas.

Reunir las yemas en un bol con los 320 g de azúcar y la pizca de sal, y batir con unas varillas hasta que blanquee y forme una crema.

Añadir la mantequilla fundida.

Tamizar la harina y agregar poco a poco para que no se hagan grumos.

Montar las claras junto con los 40 g de azúcar restantes a punto de nieve y añadir con la ayuda de una lengua a la mezcla anterior.

Agregar el brandy.

Encamisar o untar un molde con un poco de mantequilla y espolvorear una pizca de harina y verter la masa en el interior.

Hornear a 170 grados durante 1 hora aproximadamente.

Acabado:
— Azúcar en polvo
— Frutos rojos (fresas, frambuesas, arándanos, etc.)

Acabado y presentación

Sacar del horno, dejar que repose unos minutos, desmoldar y pasar a una rejilla para que enfríe bien.

Terminar espolvoreando con un poco de azúcar en polvo y acompañar con los frutos rojos machacados con las púas de un tenedor en un bol, mezclados con una pizca de azúcar y unas gotas de limón.

Trucos

Podemos añadir a la masa del bizcocho un pellizco de ralladura de naranja, mandarinas, limones o pomelos si le queremos dar un punto más perfumado.

BOCATA PLANCHEADO DE CHOCOLATE FUNDIDO

Ingredientes

Crema de chocolate:
— 300 g de chocolate negro al 70 por ciento
— 150 ml de nata líquida
— 1 cucharada sopera de mantequilla de cacahuete
— Una pizca de sal

Además:
— 4 rebanadas de pan tipo brioche o de molde
— 2 cucharadas soperas de mantequilla blanda
— 2 cucharadas soperas de cacao amargo
— 2 plátanos

Preparación

Para la crema de chocolate:

Trocear el chocolate sobre la tabla con un cuchillo y colocarlo en un bol con la cucharada sopera de mantequilla de cacahuete y la sal.

Hervir la nata y, en cuanto aparezca el primer hervor, verterla en dos veces sobre el bol, removiendo cuidadosamente para que funda y se forme una crema untuosa. Dejarla reposar para que tome cuerpo.

Acabado y presentación

Rebanar los plátanos en lonchas muy finas o en daditos. Untar cada rebanada de pan por una de sus caras y darles la vuelta, cubriendo cada una con un par de cucharadas generosas de la crema de chocolate.

Espolvorearlas con el cacao amargo y cubrirlas con el plátano, tapando con el pan y dejando las dos caras pringadas de mantequilla hacia fuera.

Arrimar una sartén antiadherente a fuego muy suave y colocar los bocatas al menos 3-4 minutos por cada lado, dejando que les entre el calor para que funda el relleno y se tuesten bien las superficies. Listo.

Trucos

Sustituyendo el pan o el brioche por otra bollería como bollos de leche o cruasanes, el resultado es alucinante. Si lo hacemos así, conviene colocar un peso sobre las piezas al fuego para que se doren homogéneamente.

COPAS DE MANZANA Y CHANTILLY DE CANELA

Ingredientes

— 6 manzanas reinetas medianas
— 80 g de mantequilla
— 300 ml de nata líquida
— 1 cucharada sopera de canela en polvo
— 1 cucharada sopera de azúcar
— 1 paquete de galletas de mantequilla

Preparación

Pelar, descorazonar y cortar las manzanas en dados medianos.

Cocinarlas durante 5 minutos (o hasta que estén tiernas) en una sartén antiadherente con la mantequilla derretida, a fuego medio para que pierdan la humedad, cojan color y se vuelvan doradas y apetitosas.

Una vez hechas, reservarlas.

Tener la nata fría en la nevera y el bol en el que la batiremos unos minutos antes también bien frío, metido por ejemplo en el congelador.

Verter la nata en el bol, añadiendo la canela, y batirla con unas varillas hasta que monte y se convierta en *chantilly*, agregando el azúcar para que la nata brille.

No batirla demasiado para que no se corte o amarillee, tiene que quedar blanca y esponjosa, nada pesada.

Además:
— Canela molida o cacao en polvo para espolvorear

Acabado y presentación

Romper las galletas en migas gruesas con las manos y sobre un bol.

Colocar en el interior de unas copas de cristal las manzanas salteadas, las migas de galleta y rematar con una *chantilly* de canela, espolvoreando con una pizca de canela o de cacao en polvo, según gusto.

Trucos

Se pueden sustituir las manzanas por peras o plátano en dados y agregar al salteado al fuego, cuando se cocinan en mantequilla, una cáscara de naranja para darle sabor o unas gotas de brandy o whisky, añadidas al final para perfumar la fruta.

CREMA DE HUEVO CUAJADA CON CANELA

Ingredientes

- 360 ml de leche entera
- 120 ml de nata
- 1 rama de canela
- 1 huevo
- 100 g de yema de huevo
- 75 g de azúcar

Preparación

Calentar la leche, la nata y la rama de canela. En cuanto asome el primer hervor, apagar el fuego y tapar con un plato para que la mezcla se empape de sabor.

Aparte, mezclar en un bol con unas varillas el huevo, las yemas y el azúcar, sin batir demasiado para que no espese ni forme espuma.

Verter poco a poco el líquido caliente y colado sobre la mezcla recién hecha en el bol, sin batir en exceso.

Si queremos que la mezcla quede aún más fina, pasarla de nuevo por el colador fino.

Acabado y presentación

Verter la crema en pequeños tarros o flaneras de porcelana bonita, teniendo en cuenta que no los desmoldaremos, para que luzcan en la mesa.

Meter los tarros en un baño maría caliente al horno precalentado a 140 grados, durante unos 45 minutos o hasta que, al menear la bandeja, el interior de los potes quede tembloroso y los bordes ligeramente cuajados.

Retirar del horno, dejar enfriar las cremas fuera del baño maría y meterlas en la nevera bien cerradas con papel film si no nos las vamos a comer en el momento.

Para servirlas, sacarlas de la nevera un buen rato antes para que se atemperen y no estén frías porque resultan mucho más deliciosas y cremosas de textura.

Trucos

Espolvorearlas con canela en polvo y romperle por encima, en migas, alguna galleta o pasta de mantequilla que sea de nuestro gusto.

GALLETAS «NICOLETO» CON CHOCOLATE CALIENTE AROMATIZADO

Ingredientes

Galletas «Nicoleto»:
— 200 g de mantequilla blanda
— 80 g de azúcar en polvo
— 130 g de harina tamizada
— 130 g de harina de almendras
— 55 ml de leche
— 100 g de pepitas de chocolate
— 40 g de avena tostada
— 100 g de azúcar moreno

Preparación

Para las galletas «Nicoleto»:

Precalentar el horno a 160 grados.

En un bol, mezclar la mantequilla con el azúcar y las harinas, ayudándonos con la mano o con una cuchara de madera si somos tiquismiquis. Terminar con la leche sin sobar demasiado la mezcla.

Incorporar las pepitas de chocolate y la avena pasada en seco por la sartén antiadherente caliente, para que se tueste ligeramente.

Tirar la masa sobre una lámina de papel film extendida en la mesa y darle forma de chorizo con un diámetro de 4 cm. Enrollarlo y meterlo en la nevera media hora para poder formar las galletas con facilidad.

Acabado y presentación

Colocar el azúcar moreno sobre un plato, sacar la masa de la nevera, quitarle el plástico y cortarla en rodajas de 1 cm de grosor, pasándolas por las dos caras sobre el azúcar, para que se adhiera bien.

Disponer las galletas sobre una bandeja de horno forrada de papel y hornearlas unos 35 minutos.

Dejarlas enfriar sobre la mesa de la cocina.

Chocolate con sésamo:
— 250 g de chocolate negro al 70 por ciento
— 900 ml de leche
— 30 g de granos de sésamo tostados
— Una pizca de sal
— Una pizca de aceite de sésamo

Para el chocolate con sésamo:

Darles un calentón a los granos de sésamo en una sartén antiadherente a fuego suave para levantarles el sabor y añadirlos sobre la leche puesta a fuego suave con una pizca de sal. En cuanto arranque a hervir, apagar el fuego y tapar con un plato para que la leche coja gusto a sésamo, sin que se enfríe, unos 5 minutos.

Colarla sobre una jarra hermosa en la que habremos puesto el chocolate troceado y la pizca de aceite de sésamo, metiendo el brazo de la batidora y accionando la máxima potencia para que resulte un chocolate cremoso y espumoso con el que acompañar las galletas.

Trucos

Sustituyendo la mitad de la mantequilla normal por mantequilla salada, quedan extraordinarias. Igualmente, si se sustituye la mitad de la mantequilla por manteca de cerdo de calidad resultan «aperrunilladas».

MI TABLETA DE CHOCOLATE CON FRUTOS SECOS Y PAN TOSTADO CON AOVE

Ingredientes

Fondo crujiente:
— 120 g de crema de praliné de avellanas (en su defecto, crema de cacahuete)
— 80 g de chocolate con leche
— 80 g de cigarrillos rusos rotos

Mezcla del relleno:
— 40 g de pasas remojadas en oloroso dulce
— 40 g de albaricoques secos remojados en oloroso dulce
— 40 g de ciruelas secas picadas
— 2 higos secos picados
— 1 cucharada sopera de almendras tostadas picadas
— 1 cucharada sopera de nueces tostadas picadas
— Una pizca de ralladura de limón

Choco-praliné:
— 400 g de chocolate negro al 66 por ciento
— 200 g de crema de praliné de avellanas (en su defecto, crema de cacahuete)
— 80 g de cigarrillos rusos rotos

Preparación

Para el fondo crujiente:

Forrar el fondo de un molde tipo *plum cake* con papel film. Será más fácil ponerlo si pringamos ligeramente el fondo con una pizca de aceite de girasol, para que se pegue bien y coja forma. Fundir el chocolate al baño maría y mezclarlo con la crema de praliné y los cigarrillos rusos rotos, mezclando todo. Estirar esta mezcla sobre el fondo, aplastando con el dorso de una cuchara para que forme una capa homogénea. Meterla en la nevera.

Para la mezcla del relleno:

Mientras, seguir con la preparación. Escurrir las pasas y picarlas, hacer lo mismo con los albaricoques, reservando el vino del remojo. Mezclar todos los ingredientes en un bol con ayuda de una cuchara y añadir unas gotas del oloroso hasta formar una pasta muy apetitosa.

Para el choco-praliné:

Fundir el chocolate al baño maría o en el microondas e incorporarle el praliné, removiendo para que se mezclen bien. Subir la mezcla hasta los 45 grados, dándole golpes ligeros de calor al fuego o dentro del microondas, y, cuando alcance esa temperatura, bajar hasta los 25 grados, añadiéndole por último los cigarrillos rusos rotos. Esto se llama «atemperar el chocolate» y lo hacemos para que la tableta solidifique y cristalice.

Además:
— Rebanadas finas de pan de semillas tostadas
— AOVE y sal buena
— Cacao en polvo

Acabado y presentación

Sacar el fondo crujiente de la nevera y, en el fondo, estirar la mezcla del relleno, apretando con el dorso de una cuchara humedecida para que se agarre bien y quede de un grosor homogéneo. Por último, añadir el choco-praliné fluido y dar unos golpes al molde para que se asiente bien la mezcla, que más tarde desmoldaremos. Meter en la nevera unas horas.

Si queremos que el resultado tenga forma de tableta hermosa, utilizar una pequeña bandeja rectangular de poca altura en vez del molde *plum cake*, que nos da como resultado algo más parecido a una terrina.

Para servir, desmoldar sobre una tabla retirando el papel film, espolvorear la superficie con cacao en polvo y cortar con la ayuda de un cuchillo afilado, sumergido unos segundos en agua caliente para que el corte sea preciso.

Colocar el resultado sobre el plato y acompañar con el pan tostado refregado de aceite y espolvoreado con la sal, que me resulta un contraste increíble y me traslada a los bocadillos de mi infancia, pero en elegante.

Trucos

Podemos sustituir las frutas y los frutos secos por otros que nos gusten como los dátiles, los pistachos o las cortezas de frutas confitadas.

MILHOJAS DE CREMA MONTADA Y NARANJA AMARGA

Ingredientes

Ganache montada:
- — 2 hojas de gelatina
- — 300 ml de nata
- — 1 cucharadita de café de esencia de vainilla
- — 80 g de chocolate blanco picado

Preparación

Para la *ganache* montada:

Hidratar la gelatina en agua fría.

Pasado ese tiempo, escurrirla bien, apretando con las manos.

Calentar 50 g de nata con la esencia de vainilla y derretir en ella la gelatina escurrida, meneando. Volcar la mezcla sobre un bol en el que habremos puesto el chocolate blanco.

Dejar unos minutos sin tocar, para que el chocolate ablande, y remover cuidadosamente con una espátula de goma, con el objetivo de que la mezcla se integre.

Entonces, añadir la nata restante, mezclar y cubrir con un papel, metiendo en la nevera.

Masa filo caramelizada:
— 6 hojas de masa filo
— 30 g de mantequilla
— 20 g de azúcar

Para la masa filo caramelizada:

Con ayuda de un pincel, pincelar una primera hoja de pasta filo con mantequilla tibia fundida, apoyada sobre una hoja de papel sulfurizado.

Repetir la operación con las hojas de masa restantes.

Luego, recubrirlas de azúcar y cocinar las hojas entre dos hojas de papel sulfurizado encerradas entre un par de placas de horno, a 180 grados durante 8 minutos o hasta que adquieran un bonito color dorado.

Sacarlas del horno y, aún calientes, cortarlas en rectángulos iguales o partirlas con las manos, formando hojas irregulares.

Acabado:
— 150 g de mermelada de naranja amarga
— Una pizca de azúcar en polvo

Acabado y presentación

Con el dorso de una cuchara, menear la crema para volverla cremosa y montar milhojas por capas con la crema y la mermelada, repartida en pisos sobre las capas de masa filo caramelizada.

Terminar con capa de masa filo y espolvorearla con azúcar en polvo.

Trucos

Podemos incluir fruta de temporada entre las capas de los milhojas, colocando sobre la crema frambuesas, fresas o láminas finas de mango pelado. También podemos cambiar la mermelada de naranja amarga por mermelada o jalea de otros sabores.

PAN DE ESPECIAS Y CASTAÑAS CONFITADAS

Ingredientes

Pan de especias:
— 4 g de especias para pan de especias
— 3 g de anís estrellado
— 8 g de piel de lima rallada
— 8 g de piel de limón rallado
— 8 g de piel de naranja rallada
— 90 g de azúcar
— 200 g de miel
— 200 ml de agua
— 200 g de harina
— 2 g de levadura en polvo
— 3 g de sal fina
— 135 g de mantequilla
— 155 g de castañas confitadas o glaseadas

Preparación

Para el pan de especias:

Mezclar las especias, el anís estrellado, las pieles de lima, limón y naranja, el azúcar, la miel y el agua. Llevar todo a ebullición y, en cuanto surja el primer hervor, enfriar tapado con un plato. Pasar por un colador fino.

Tamizar y luego mezclar con ayuda de unas varillas la harina, la levadura y la sal, añadiendo la mezcla anterior poco a poco.

Añadir la mantequilla derretida fría y las castañas confitadas desmenuzadas con las manos. Conservar la preparación 24 horas en la nevera, bien cubierta.

Pasado el tiempo, precalentar el horno a 170 grados.

Verter la mezcla dentro de un molde de 18 × 9 × 8 cm. de altura, previamente untado con mantequilla y espolvoreado de harina.

Cocer durante 45 minutos.

Desmoldarlo y dejarlo enfriar boca abajo sobre una rejilla.

Glaseado:
— 230 g de azúcar en polvo
— 4 g de leche en polvo
— 80 ml de agua tibia
— 20 ml de Cointreau
o algún licor similar

Acabado y presentación

Para el glaseado:

Mezclar el azúcar en polvo y la leche en polvo, e ir añadiendo poco a poco el agua.

Incorporar el Cointreau y reservar a temperatura ambiente.

Glasear el pan de especias con ayuda de un pincel e ir dejando que vaya haciendo costra de glasa.

Trucos

Este pan rebanado en rodajas gruesas, humedecidas en leche, pasadas por huevo y rebozadas en una sartén con un poco de mantequilla son unas torrijas fabulosas, acompañadas de un helado de nata o de caramelo.

PANNA COTTA *DE VAINILLA Y ANÍS ESTRELLADO*

Ingredientes

— 8 g de gelatina o colas de pescado
— 1 limón amarillo
— 1 limón verde
— 600 ml de leche
— Un trozo pequeño de anís estrellado
— 1 rama de vainilla
— 400 ml de nata
— 250 g de azúcar

Preparación

Remojar la gelatina en agua fría unos minutos y escurrirla apretando bien para que pierda toda la humedad.

Rallar los cítricos sin llegar a la parte blanca.

Colocar la leche en un cazo y añadir el anís estrellado y la vainilla partida en dos y rascados sus granos, incorporando la ralladura.

Arrimar a fuego muy suave, incorporar la nata y el azúcar. En cuanto asome el primer hervor, dejar que hierva 2 minutos lentamente y apagar el fuego.

Tapar la cazuela con un plato y dejar que la mezcla repose 10 minutos para que desarrolle bien los aromas.

Ahora tenemos dos opciones.

Colar la mezcla y añadir la gelatina remojada para que se deshaga, si queremos un postre más fino.

O pescar solo las vainas de vainilla y el anís estrellado, dejando la ralladura e incorporando la gelatina, si preferimos que quede más rústico.

En cuanto esté la gelatina disuelta, verter la mezcla en pequeños tarros transparentes e individuales de cristal, dejando que cuaje en la nevera al menos 12 horas.

Acabado y presentación

Sacar los tarros de la nevera 20 minutos antes para que la textura sea más temblorosa y pierdan frío.

Trucos

Acompañarlos con una buena mermelada, compota o frutas de temporada troceadas (frutas rojas, caqui, rodajas de plátano, gajos de mandarina, fruta confitada, etc.).

PARFAIT ***DE CHOCOLATE CON BIZCOCHO ESPONJADO DE PRALINÉ***

Ingredientes

Bizcocho de praliné:
— 280 g de praliné de almendras o de avellanas (en su defecto, utilizar mantequilla de cacahuete)
— 200 ml de claras de huevo

Parfait de chocolate:
— 120 ml de claras de huevo
— 100 g de azúcar
— 500 ml de nata
— 300 g de chocolate negro al 70 por ciento troceado

Preparación

Para el bizcocho de praliné:

Si el praliné está muy firme, darle un golpe de microondas o de baño maría para que se suelte, removiendo bien. Mezclarlo en un bol con las claras de huevo, que habrán estado un rato a temperatura ambiente. Meter la mezcla en el interior del sifón, cerrarlo y cargarlo con cuatro cargas de gas.

Perforar el fondo de los vasos de plástico y rellenarlos hasta los tres cuartos con la mezcla del sifón, cocinándolos en el horno microondas a máxima potencia durante 40 segundos.

Para el *parfait* de chocolate:

Montar 300 ml de nata con las varillas y reservarla bien esponjosa en un bol en la nevera. Aparte, batir a punto de nieve las claras en un bol con unas varillas y, en el momento que veamos que están bien firmes, añadir poco a poco el azúcar, sin dejar de batir hasta que obtengamos un merengue azucarado. Hervir en un cazo pequeño los 200 ml de nata restantes y, una vez hervida, verterla de a poco sobre el chocolate negro puesto en un bol. Menear con una cuchara de madera o espátula e ir añadiendo la nata caliente, para conseguir un chocolate fundido brillante y fluido. Rematar la mezcla. Sobre este chocolate, ir añadiendo el merengue recién hecho, incorporando con una espátula de arriba abajo en movimientos envolventes, y terminar añadiéndole la nata montada refrigerada, mezclando bien. No castigar demasiado la mezcla, hacerlo rápida y delicadamente. Introducir la mezcla en un molde forrado de papel film, cubrirlo y congelarlo al menos 24 horas. Puede ser un molde tipo *plum cake*, de corona, ovalado o en moldes individuales, según queramos hacer el emplatado final más doméstico o sofisticado.

Salsa de chocolate:
— 140 ml de leche
— 1 cucharada sopera de miel
— 100 g de chocolate negro al 70 por ciento troceado

Además:
— Sifón con 4 cargas
— 12 vasos de plástico tipo pícnic

Para la salsa de chocolate:

hervir la leche y la miel y verter poco a poco sobre el chocolate puesto en un bol, sin dejar de remover para que se forme una salsa fluida y brillante.

Acabado y presentación

Desmoldar el *parfait* helado de chocolate y cortarlo en forma de terrina o en dados o cilindros, o sacarlo del molde individual, según lo queramos emplatar. También desmoldar los bizcochos hechos en el microondas y trocearlos con las manos en pedazos irregulares, colocándolos sobre el *parfait* y alrededor, jugando con los volúmenes. Decorar con unos trazos de salsa de chocolate. Listo.

Trucos

Podemos ahorrarnos la elaboración del bizcocho y emplear galletas de mantequilla rotas, sobaos pasiegos o alguna especialidad pastelera de miga comprada que sea de calidad.

TARTA «DARTOISE» RELLENA DE CHOCOLATE E HIGOS

Ingredientes

Ganache:
— 330 g de chocolate al 70 por ciento
— 60 g de chocolate con leche
— 150 ml de nata
— 130 ml de leche
— 30 g de mantequilla

Bizcocho:
— 140 g de harina de almendras
— 140 g de azúcar glas y también azúcar glas para la cocción de los discos
— 70 ml de claras de huevo
— 270 ml de claras de huevo
— 95 g de azúcar
— 50 g de almendras en láminas

Preparación

Para la *ganache*:

Picar ambos chocolates con ayuda de un cuchillo.

Colocarlos dentro de un bol.

Llevar la nata a ebullición con la leche, luego verter todo de una vez sobre los chocolates picados y mezclar desde el centro hacia fuera con una espátula de goma. Incorporar la mantequilla en dados.

Cubrir con film y dejar a temperatura ambiente hasta que enfríe y meterla en la nevera.

Para el bizcocho:

Colocar dentro de un bol la harina de almendras con los 140 g de azúcar glas. Mezclar con los 70 ml de claras de huevo.

Batir los 270 ml de claras a punto nieve e ir incorporando poco a poco el azúcar.

Añadir las claras batidas a punto de nieve sobre la mezcla de harina de almendras y azúcar, con movimientos envolventes hasta obtener una masa homogénea.

Precalentar el horno a 145 grados.

Repartir la masa en dos círculos realizados con ayuda de un aro de 22 cm sobre una placa de horno forrada con papel sulfurizado. Alisar la superficie.

Retirar los aros, espolvorear los discos con el azúcar glas y uno de ellos con las almendras fileteadas.

Hornear 50 minutos.

Sacar del horno y dejar enfriar los discos sobre una rejilla, retirándoles el papel.

Además:
— 100 g de higos secos remojados en brandy

Acabado y presentación

Cortar los higos escurridos en dados pequeños.

Verter la *ganache* dentro de una manga pastelera con una boquilla y cubrir con una espiral sobre el disco de masa sin almendras espolvoreadas.

Colocar los higos picados por toda la superficie de la crema y cubrir con el disco restante, con las almendras mirando al cielo.

Terminar espolvoreando con una pizca de azúcar glas.

Trucos

Guardar la tarta en refrigerador hasta el momento de servir para que se asiente y sacarla 2 horas antes de comerla, para que pierda frío y esté más sabrosa.

TARTA DE ALMENDRAS CON HIGOS

Ingredientes

Masa quebrada:
— 250 g de mantequilla
— 400 g de harina
— 60 g de harina de almendras
— 130 g de azúcar en polvo
— 2 yemas de huevo
— 1 huevo

Crema del relleno:
— 300 g de mantequilla
— 350 g de azúcar
— 70 g de harina
— 350 g de harina de almendras
— 4 huevos

Preparación

Para la masa quebrada:

Cortar la mantequilla en dados pequeños y colocarlos en un bol o sobre una mesa limpia. Añadir por encima las harinas y el azúcar y amasar hasta que se integre bien y tome aspecto de arena húmeda y compacta. Por último, incorporar las yemas y el huevo hasta que forme una bola y reservarla en la nevera envuelta en papel.

Para la crema del relleno:

Mezclar la mantequilla y el azúcar con unas varillas en un bol o en un robot de pastelería y muy despacio incorporar las harinas. Entonces finalizar añadiendo el huevo de a poco, sin batir demasiado para que no monte y quede una especie de masa franchipán. Reservarla al frío.

Además:
— 20 higos maduros

Acabado y presentación

Forrar un molde alto de tarta desmoldable con la masa quebrada, estirada sobre la mesa con un grosor de 5 mm. Apretar bien los bordes y el fondo y pinchar con las púas de un tenedor. Si tenemos maña, podemos pellizcar los bordes para que quede más bonita. Enfriar el molde tapizado unos minutos en la nevera.

Mientras, pelar los higos y cortarlos en rodajas o, si están muy maduros, meter la pulpa en un bol mezclándola con las púas de un tenedor y refrescarla.

Sacar el molde de la nevera y rellenarlo con una buena capa de crema. A continuación, extender otra capa de pulpa o de higos en rodajas y cubrir delicadamente con más crema, hasta el ras del borde la tarta.

Hornear a 190 grados durante 30-40 minutos y dejar entibiar sobre la mesa.

Trucos

Para servirla, espolvorearla con azúcar en polvo o decorar la superficie con cuartos de higos frescos porque el contraste de la tarta cocinada y la fruta fresca es extraordinario.

TARTA DE LIMÓN MERENGADA

Ingredientes

Crema de limón:
- 1 hoja de gelatina
- 175 g de azúcar
- 4 huevos
- 200 ml de zumo de limón
- 200 g de mantequilla en pomada

Base de la tarta:
- 170 g de galletas de mantequilla
- 80 g de mantequilla
- 4 huevos
- 6 cucharadas soperas de crema de limón

Preparación

Para la crema de limón:

Hidratar la gelatina en agua fría hasta que ablande, escurrirla.

Colocar en un bol el azúcar y los huevos, y batir con unas varillas hasta que la mezcla esponje y quede gruesa.

Añadir el zumo de limón y mezclar bien.

Poner la mezcla sobre un baño maría de agua caliente y cocinarla suavemente, sin dejar de menear, hasta que alcance una temperatura aproximada de 82 grados.

Entonces, añadir la gelatina hidratada y escurrida y, poco a poco, sin dejar de menear, la mantequilla fría en dados.

Una vez terminada, meterla en un bol y refrescarla en la nevera.

Para la base de la tarta:

Precalentar el horno a 180 grados.

Moler las galletas aplastando con un tenedor o en un vaso de batidora y mezclar con la mantequilla fundida.

Con esta masa tipo arenilla, tapizar el fondo de un molde cubierto con papel de horno.

Separar las yemas de las claras de huevo.

Mezclar en un bol amplio las yemas con la crema de limón y batir aparte en otro bol las claras a punto de nieve, incorporándolas delicadamente a la primera mezcla.

Ayudarse de una espátula de goma para que la mezcla sea esponjosa.

Verterla sobre la base de galletas y hornear durante 25 minutos.

Dejar enfriar en la nevera.

En vez de una tarta, podemos hacer lo mismo en pequeños tarros o vasos que soporten la temperatura del horno.

Además:
— 10 merengues secos

Acabado y presentación

Para comerla, conviene sacar la preparación de la nevera un par de horas antes, para que coja temperatura y quede cremosa.

Romper los merengues con las manos y espolvorearlos por encima de la preparación.

También podemos rematar con *chantilly* o nata montada azucarada.

Trucos

La crema restante de limón puede emplearse para rellenar tartaletas o volovanes de hojaldre. La crema puede hacerse con otros cítricos, empleando zumo de mandarina, pomelo o naranja sanguina.

TARTA DE NANTES

Ingredientes

Masa:
— 200 g de mantequilla en pomada
— 230 g de azúcar
— 160 g de harina de almendras o avellanas
— 60 g de harina
— 7 g de levadura en polvo
— 230 g de huevos
— 1 cucharada sopera de ron

Glaseado:
— 220 g de azúcar en polvo
— 3 cucharadas soperas de ron
— 1 cucharada sopera de miel

Preparación

Para la masa:

Encender el horno a 185 grados.

Trabajar la mantequilla con el azúcar en un bol, con ayuda de unas varillas. Una vez que esté la mezcla integrada, incorporar las harinas y la levadura, previamente mezcladas y tamizadas, mezclando bien.

Entonces, ir añadiendo los huevos de a pocos para que la mezcla vaya pillando el punto y, por último, añadir el ron.

Verter la mezcla en un molde de 28 cm de diámetro y hornearla unos 35 minutos. Dejarla templar sobre la mesa y desmoldarla antes de que enfríe del todo.

Es quebradiza, hay que tener cuidado porque queda jugosa.

Acabado y presentación

Para el glaseado:

Calentar todos los ingredientes al baño maría o en un cazo arrimado a fuego mínimo, sin dejar de menear con unas varillas. Verter el glaseado sobre la tarta con cuidado y dejarlo enfriar.

Trucos

Antes de cubrir la tarta con el glaseado, me gusta emborrachar el bizcocho rociándolo con un buen golpe de ron, brandy o marrasquino.

TARTA DE QUESO Y NARANJA

Ingredientes

Masa:
— 500 g de harina
— 250 g de mantequilla fría en dados
— 1 cucharada sopera de azúcar
— Una pizca de sal
— 1 huevo
— 120 ml de agua
— 4 cucharadas soperas de mermelada de naranja amarga

Preparación

Para la masa:

Preparar el día anterior.

Colocar la harina, la mantequilla, el azúcar y la sal dentro del vaso de una batidora de pastelería y mezclar suavemente hasta convertirlo en una arenilla.

Entonces, incorporar el huevo y el agua, amasando suavemente para formar una masa.

Envolverla en papel film y dejarla unas horas reposando en la nevera.

Precalentar el horno a 180 grados.

Estirar la masa con un rodillo y forrar con ella un molde profundo de 28 cm de diámetro.

Pinchar el fondo de la masa con un tenedor, cubrir el fondo con papel de horno y colocar por encima el peso de unas legumbres secas, para que la masa no se levante.

Meter en el horno durante 15 minutos.

Al sacarla, retirar el papel y, en cuanto entibie, cubrir el fondo con la mermelada de naranja.

Relleno de queso:
- 6 huevos
- 210 g de azúcar
- 1 kg de queso crema
- 300 ml de nata
- 50 g de maicena
- 1 naranja rallada
- 1 rama de vainilla

Para el relleno de queso:

Separar las yemas de las claras, colocándolas en dos boles.

Montar las claras a punto de nieve con la mitad del azúcar.

Añadir el resto del azúcar sobre las yemas, mezclar con unas varillas e incorporarle el queso crema a temperatura ambiente, la nata, la maicena, la ralladura y los granos rascados del interior de la vainilla, mezclando bien.

Con ayuda de una espátula de goma, añadir sobre esta mezcla las claras montadas e integrar perfectamente para formar una única crema.

Acabado y presentación

Meter esta mezcla en el molde previamente horneado y devolver de nuevo al horno, horneando a 180 grados, durante 20 minutos y luego 40 minutos más a 140 grados.

Sacar del horno y dejarla enfriar.

Trucos

Cuando la tarta lleve un rato hecha y esté fría, podemos cubrirla con la naranja natural cortada en gajos o en rodajas finas y abrillantarla con más mermelada de naranja amarga.

YOGUR CON FRUTOS ROJOS, CHOCOLATE Y GALLETAS DE FRUTOS SECOS

Ingredientes

Galletas crocantes de frutos secos:
- 250 g de azúcar
- 65 ml de claras de huevo
- Una pizca de extracto de vainilla
- Una pizca de bicarbonato
- 35 g de harina
- 50 g de harina de almendras
- 50 g de harina de avellanas
- 190 g de almendras tostadas y picadas
- 190 g de avellanas tostadas y picadas
- 100 g de pistachos tostados y picados

Preparación

Para las galletas crocantes de frutos secos:

Mezclar en un bol el azúcar con las claras de huevo y batir con unas varillas hasta blanquear.

Incorporar la vainilla, el bicarbonato, las harinas y los frutos secos.

Precalentar el horno a 160 grados.

Estirar la masa de 1 cm de espesor sobre una mesa enharinada.

Realizar 30 galletas con ayuda de un cortapastas de 6 cm de diámetro, colocándolas sobre una bandeja de horno cubierta con papel.

Hornearlas 15 minutos o hasta que la superficie se dore y queden crujientes.

Guardarlas en una caja de lata para que no se humedezcan.

Yogur con frutos rojos:
— 400 g de yogur natural
— 100 g de frutos rojos maduros

Además:
— Pepitas de chocolate

Acabado y presentación

Para el yogur con frutos rojos:

Colocar en un bol el yogur y batirlo ligeramente, añadiendo los frutos rojos.

Enfriarlo y servirlo con algunas galletas rotas puestas encima, las galletas enteras y unas pepitas de chocolate espolvoreadas.

Trucos

Podemos sustituir el yogur por una nata montada y convertir el postre en una *chantilly* de frutos rojos con galletas.